U0909440

梦幻旅游

极致之旅

人 一 生 要 体 验 的 50 个地方

目　录 CONTENTS

人一生要体验的地方……

闲情篇：逸情雅致 Leisure Time

1. **泡咖啡**——蓝山 /10

童话里的蓝山只能在澳洲的天空下找到，因为那里有满坡的尤加利树。

2. **微醉**——箱根 /14

日本的箱根，犹如一处山水小筑，让人生出似曾相识的诗意感叹。

3. **游车河**——花园大道 /18

南非，从伊丽莎白港至开普敦一段，是著名的花园大道。顺着沿海公路开车，一段一段都是电影外景般的景色。

4. **发呆**——丽江 /22

在时光倒退了二十年的地方，住在一个古老的四合院里，满天都是星星，泡一壶玉龙雪山茶，什么也不想，静得只可以听得见自己的心跳。

5. **感伤**——久德普尔 /26

久德普尔大片蓝色的笼罩下，人们不会如蓝色暗示的那样忧郁，就像泰戈尔的诗，有很多伤感元素，读了你会感动，但决不伤痛。

6. **过冬天**——圣莫里茨 /30

这里是瑞士日照时间最长的地方，全年322天都是阳光灿烂的好日子，空气，雪山、草地与温泉混合淡淡的香槟气息，轻盈的，凉爽的，有着淡淡的幽香。

7. **时间盗贼**——普罗旺斯 /34

现在和未来都无需牵挂。连时光的流动，似乎都是轻缓慵懒的。

情色篇：谈情说爱 Talk About Love

8．**香艳**——巴黎 /42

这是一个连公共厕所也讲究建筑风格的地方……是一个女子宁可赤身裸体也绝不会穿着颜色搭配不合适的衣服走出家门的地方；是一个随处可见用美好的人体做广告，但是绝不低级色情的地方。

9．**艳遇**——隆达 /46

艳遇则最适合在戏剧里发生，更何况街上满眼都是梅里美笔下的卡门。

10．**千金一掷为红颜**——塞舌尔 /50

假如一年中只有一天值得情侣们挥金如土，那这个日子一定是情人节。假如要为这个节日选择一个地方，那这个地方一定是塞舌尔。

11．**谈婚论嫁**——维罗纳 /54

人们在这里寻找到一种爱的精神，对爱的向往、对爱的恪守，这就足够了。因为爱是人类最本质的东西，有了它幸福就体现了出来。而又有谁不追求幸福呢？

12．**度蜜月**——爱琴海 /58

灰色的城墙、白色的堡垒，中世纪骑士"嗒嗒"的马蹄声仿佛依旧回响在小巷深处。英雄与美女的传说在这样的场景里变得触手可及。当地人悠闲的生活步调最适合蜜月的情侣腻在白色与蓝色的幻境中。

13．**养眼**——多米尼加 /62

去选美——多米尼加女孩共同的心愿。

14．**Say Goodbye**——卡萨布兰卡 /64

走过喧闹拥挤的街道，周围的纷纷扰扰无法淹没心里执着与伤感的声音。这里起码不缺乏说分手的场景，不管是否有足够的理由。

15．**怀旧**——里斯本 /68

薄暮里独自坐在里斯本老城区旁边的山上，眼前是阑珊的灯火，耳边是悠悠的"法朵"，一点点无伤大雅的伤感便自自然然散入晚风，弥漫全城。

16．**独处**——波多黎各 /72

春天、花朵、自由的心情，温暖而暧昧的空气——有了它们，谁还需要同伴，谁还需要语言。在波多黎各，你不像一个游客，更像一个回到故乡的游子，以最温柔的心情等待，等待下一段爱情的开始。

梦幻旅游

极致之旅

人一生要体验的地方……

神秘篇：远古的气息 Ancient Amour

梦幻旅游

17. **寻古**——卡迦玛瓜拉 /78

卡迦玛瓜拉，众多印第安人遗址中另一个被时间忘却的古城。美国探险家吉恩·萨伏依坚信，卡迦玛瓜拉就是Cajamarquilla，一个传说中由查查波亚斯人建造的城市。

18. **远离红尘**——谭波帕塔 /82

谭波帕塔最让人觉得神往的就是它独有的三种生态环境，即安第斯山脉丘陵地、干雨林区和彭巴草原。

19. **探宝**——托普利兹深水湖 /86

这是一个令世界寻宝探险家们疯狂着魔的地方，这里有一个让全世界犹太人梦牵魂绕的谜，这是一个令历史学家们感兴趣的秘密。

20. **冒险**——不丹 /90

"去不丹畅游山区王国的古代村落"是与"去莫斯科郊外的星际城市太空人训练营接受胆量训练"被并选为国家地理的25种冒险旅游方式之一。

21. **小天堂**——塔希提岛 /94

这样的小天堂独处一隅，仿佛拒人于千里之外，而这也就是大洋洲的塔希提岛。从英国到法国，大家抢来抢去的还都是这个风光无限好的宝地。

22. **华丽诡异**——莫斯科地铁 /98

历史的辉煌，很多时候是源自于某些荒谬的想法。就像埃及法老为了无聊的身后事筑起了金字塔，中国皇帝由于懦弱而建造了长城，莫斯科地铁的建设，也不乏这类底蕴。

运动篇：运动无极限 I Love This Game!

23．**极限运动**——皇后镇 /104

皇后镇被誉为新西兰的“体育之都”，上山滑雪，下水冲浪，拖行降伞，喷气飞船，激流划艇……在这里应有尽有，风靡世界的“蹦极”就是从这里最先兴起的。

24．**滑雪**——摩津 /108

去法国滑雪，是一种奢侈的品味，而摩津，是法国境内最有品味的雪站之一。和其他雪站最大的不同是，摩津小镇里还有很多做乳酪、做陶器、做石屋瓦等传统工艺的工匠——合成一种被雪藏了的古朴。

25．**赛帆船**——奥克兰 /112

终年温和的气候和众多魅力四射的海滩为水上运动爱好者提供了极为理想的条件。世界重量级的帆船比赛每年都在这里举行。

26．**潜水**——西巴丹 /116

这里被世界生物保护基金确认为有世界上最美丽珊瑚的潜水地之一，海底生物的丰富性为马来西亚之最。而世界上惟一被人类发现的龟冢就在这个岛屿海底。

27．**溯溪**——百胜滩 /120

“溯溪”是一项新鲜但并不陌生的运动，如果你对这种拗口的极限运动还不熟悉，它的近亲兄弟应该可以给你些概念，比如丛林穿越、崖降、溪降、漂流。

28．**徒步**——博卡拉 /122

珠穆朗玛峰、雪山、印度教、徒步旅行者的天堂、世界上最高的国家，一个自然神秘而充满浓郁风情的地方。

观景篇：一切尽搜眼底 To Be A Good Viewer

29．**读海**——马尔代夫 /128

“这里拥有最美的大海”，很少有一个海滩得到如此一致的赞誉；这里还有麦兜所向往的“椰林树影、水清沙幼”景观，是在一段紧张生活过后完全放松自己的度假胜地。

30．**看残阳**——红沙漠 /132

远望山岩疑为泥土而垒，山上草木不长，阳光下一片金黄，无一丁点绿色，让人望而生畏。近看岩石斑驳，层层重叠，或竖石高低排列，碎石裸露，或若刀削峭壁，沟壑万丈。

31．**听涛**——刘公岛 /136

故垒萧萧大树凋，高衙依旧俯寒潮，英名左邓同千古，折戟沉沙恨未消。站在刘公岛的制高点，凭海临风，涛声依旧，院落依旧，人却已非当年。

32．**闻风**——诺敏 /138

大风在风城里激荡回旋，凄厉呼啸，如同鬼哭狼嚎，令人毛骨悚然。耳朵听到的除了风沙声外就是单调的几点驼铃声。

33．**扮 Cool**——冰酒店 /140

世界上有这样一家 Ice Hotel，由冰雕与白雪砌成，完全看天气做生意。它的生命也交由大自然决定——入冬时，它屹立不倒，到了春末，则随天气暖和悄悄融化。

34．**赏枫叶**——蒙特利尔 /144

叶是枫的前生，糖是它的后世；色是枫的前生，味是它的后世。蒙特利尔的美丽，就这样在前生后世中翻转轮回。

动物篇：人类的近邻们 Animals:Our Friends

35．**观鲸**——凯库拉 /150

位于皮克顿和基督城中央的小城凯库拉是著名的观鲸胜地。这里是全世界最容易看到巨大抹香鲸的地方。

36．**观鸟**——库什湖 /154

观鸟之乐，在于这些飞翔的精灵所展示的美感，在于体验人与自然生灵的和谐共存。在库什湖，两者皆可。

37．**触摸海底生物**——大堡礁 /158

“人类是亲水的生物”，在大堡礁说这句话是再合适没有了。

38．**亲近野生动物**——马赛马拉 /162

就像其他的野生动物自然保护区一样，马赛马拉是茫茫荒野，白天走进草丛，说不定就与一只慵懒的狮子撞个对头。

玩乐篇：吃喝玩乐 To Be Libertine, Just For Once.

39．**快乐减肥**——柬埔寨 /168

爱美又爱玩，贪心的你当然想要更多。如果想二者兼得，那就去柬埔寨吧，在享受异国风情的同时，感受瘦身带给你的美丽惊喜！

40．**发财梦**——拉斯维加斯 /174

拉斯维加斯的迷人气息吸引着世界各地的人们。在那些嗜赌如命者心中，拉斯维加斯就是发财的天堂；同时也是将近万名无家可归、饥寒交迫的流浪者的地狱。

41．**牛饮**——托斯卡纳 /178

希腊神话里，酒神是位头戴花环，身披藤萝的美少年，日日扛着酒罐子四处游走，罐子里清凛芬芳的美酒泼洒在哪里，哪里的人们就有了狂欢的心情。也许，托斯卡纳就是被酒罐泼到的地方。

42．**垂钓**——普者黑 /182

普者黑彝语是“鱼虾生长的地方”。镜子似的湖泊，一个连着一个。

43．**晒太阳**——日喀则 /186

那里是最接近阳光的地方，空气因而透明；那里是最接近神明的地方，心灵因而宁静；那里是最后的世外桃源，憧憬因而向往那里，就是日喀则。

44．**泡温泉**——棉花堡 /190

一层一层，比最精巧的工匠设计的多层流水喷泉更为精巧，人们可以躺进天然形成的水槽里，享受上帝赐予的温泉。

45．**裸浴**——天体村 /194

天体是否正在成为中产们的标签？只有全裸，才是亲近自然的最好方式。

历史篇：沉重还是沉痛 Historical: Heavy And Hard

46. **伤痕**——柏林 /200

要认识德国一定要去柏林。这片血脉相连却曾经东西分隔之地，既带着过往历史的伤痕，也是未来德国的希望。

47. **精神**——平壤 / 204

在世界所有国家的首都中，恐怕没有哪一个城市像平壤一样，充满了象征性和符号意义。在这座经过精心规划、建造和装饰的城市徜徉，每时每刻都会感受到一种强大的集体意志。

48. **悲恸和希冀**——耶路撒冷 / 208

我们从来也不清楚上帝的真实想法，他让以色列成为牛奶和蜂蜜的主产地，并想让以色列和犹太人成为优秀的民族。但巴勒斯坦这块土地从来就未太平过，连摩西也要杀许多的人才能进入。

49. **涅槃**——巴米扬 / 212

矗立在阿富汗巴米扬河谷的巴米扬立佛是世界上最大的佛像，是人类发展史和思想史上的宝贵遗产，塔利班毁坏立佛的愚蠢行为引起了世人的共愤，但悲剧还是发生了，佛像从此成了人们记忆中的东西。

50. **毁灭**——巴姆泥城 /214

2003年12月26日凌晨，轰然一闷声，伊朗东南部，曾经喧闹的巴姆市在大地震中夷为废墟，至少3万人为这座城市殉葬。与他们一起从地平线上永远消逝的，还有距离市区5公里的巴姆泥城——魔幻的沙丘城堡。

人一生要体验的地方……

极致之旅

逸情雅致

Leisure Time

淡柔情于俗内，负雅志于高云。悲晨曦之易夕，感人生之长勤。

泡在童话里的咖啡屋 The Fair Story In The Coffee Cup

——蓝山Blue Mountain

童话里的蓝山只能在澳洲的天空下找到，因为那里有满坡的尤加利树。

微微的，醉意上心头Being A Little A Bit Drunk And Happy.——箱根Hakone

日本的箱根，犹如一处山水小筑，让人生出似曾相识的诗意感叹。

好想和你兜兜风Driving, Driving

——花园大道The Garden Route's Scenic Coastal Region

南非，从伊丽莎白港至开普敦一段，是著名的花园大道。顺着沿海公路开车，一段一段都是电影外景般

发呆，发呆，还是发呆 In A Daze 丽江Lijiang

在时光倒退了二十年的地方，住在一个古老的四合院里，满天都是星星，泡一壶玉龙雪山茶，什么也不想，静得

蓝色之城 Blue City——久德普尔Jodhpur

久德普尔大片蓝色的笼罩下，人们不会如蓝色暗示的那样忧郁，就像泰戈尔的诗，有很多伤感元素，读了你会感

雪域麦加 Mekka In The Arm Of Snow Laday——圣莫里茨St.Moritz

这里是瑞士日照时间最长的地方，全年322天都是阳光灿烂的好日子，空气，雪山、草地与温泉混合淡淡的香槟

轻盈的，凉爽的，有着淡淡的幽香。

最不崇拜时间的地方 Mr Time, Stop!——普罗旺斯Provence

现在和未来都无需牵挂。连时光的流动，似乎都是轻缓慵懒的。

闲情篇

蓝山 BlueMountain

泡在童话里的咖啡屋

The Fair Story In The Coffee Cup

“蓝山的那边是天国和自由。”

——澳大利亚的早期移民

童话里的蓝山只能在澳洲的天空下找到，因为那里有满坡的尤加利树。

这种魔法的树能够散发出蓝色的气体，堆积在山巅与谷底，然后沿着山坡铺散开来，将山峰幻化成若有若无的蓝，像大雨里淡淡的影子。人们于是就叫它“蓝山”，听起来像个精灵居住的地方。

绝大部分时间里，这儿的天也是蓝的，滟滟的，明媚的调子，悦目却不抢镜，是难得的好背景。近处满眼的野花与碧草，山腰有红色尖屋顶的小房子，蘑菇一样，一簇一簇的；再往后是由高大蕨类植物组成的森林，远远就能听到瀑布的声音和啾啾的鸟鸣；最后，便是渐渐隐入天空的淡青色山脉。

蓝山上有26个小小的村镇，每一个都像童话书里的插图，小木屋们有尖的屋顶，大玻璃窗，以及一开门就会叮当作响的老铜铃，圣诞节时大门上会挂松枝编成的小花环，一切小巧而精致。学者们会不厌其烦地细究哪些是维多利亚式建筑而哪些又是爱德华式，然而对于居民们来说，它们就像大太阳底下阳光里晾着的旧棉布衣服，有股亲切家常的舒适味道。

最温馨的地方是个名叫"百乐宫"的咖啡馆，一座古老的大房子，大大的橱窗，门把手被摩娑得温润光滑，厚实的深色木地板走起来咯吱咯吱响，咖啡氤氲的热气与橱窗里各色小点心的气息混合在一起，迷漫了整个空间，透过玻璃照进来的阳光在这样的气息中散漫成淡淡的奶油色，那暖暖的甜香浓郁得化都化不开，别无选择，人也就势舒展其中。坐在靠窗的座位，小口轻啜，咖啡色的液体便成了从舌尖到喉咙深处的幼滑滋味，闭上眼睛，愉悦无声无息地涌来，仿佛潮水一点一点浸没沙滩。第一次觉得全身懒洋洋的感觉是如此接近幸福，伸出手去就可以触摸到天堂。

手臂翻转回来松松搭在额前，迎着阳光眯着眼睛朝窗子外面看，不远处的树上停满红色的鹦鹉，不叫也不动，羽毛闪闪发亮，像是树木与生俱来的某种红色果实。突然之间，满树的果实会呼啦拉扇着翅子离开，鸣叫着划过远处蓝色的天与绿色的草坡，幻化成一大片会飞的花。

偶尔会有彩色的鹦鹉停在咖啡馆的窗台上，用可笑的投入姿态不停地踱步，试探性地、摇摇晃晃地迈出一只脚，想一想再迈另一条腿。若是从里面扣一扣玻璃，这斑斓的小东西便会呀地一声伸开翼展，以一种轻灵的姿势兜个圈子飞走，阳光下，它莹蓝的、大红的以及橘色的羽毛被镀金似的，绚烂得让人睁不开眼。

抚摸着微凉的雕花木扶手，走上盘旋的木楼梯，原来的老咖啡馆的二楼是间小作坊，形状奇异的盆盆罐罐里装着各式的粉末，透明与粘稠的液体——奶白、奶黄、淡淡的粉红与淡淡的蓝，小点心的制作在这里是门艺术，桌子上的原料比画家们使用的色彩更多，却无一例外是柔和的。屋子中间是台巨型搅拌器，巧克力的香味一阵一阵涌出来，教唆得人几乎忘掉原则，有时候不得不想将手伸进去，然后像个孩子一样带着纯粹的表情吮吸食指。

走下楼来，推开咖啡馆的门，另一种最甜蜜的味道会指引你来到另外一座古老的建筑前。几千种糖果在橱窗里像星星一样闪闪发光。有着胖胖胳膊和腿的孩子们嘴里含着棒棒糖跑来跑去，然后把脸和小手紧紧贴在柜台的玻璃上，鼻子被压成扁扁的一小团，笑容花朵一样绽放。也有大人蹲下来，以孩子的角度看柜台里的糖果——因为他们相信，蹲下来看到的的确是另外一个世界。不管你是否相信，糖果屋就是个这么神奇的地方，无论如何冰冷坚硬的心情都沾上了糖屑，阳光一碰就甜甜地融掉。

距离蓝山不远的地方，天地间掺进了雾一样的紫，模糊了彼此之间的界限。那是一片漫无边际的熏衣草。每一阵清风拂过，就见一片淡紫色的波浪，簌簌地从天边涌过来，又悄无声息地消解在透明的花香里。那花香仿佛少女的发梢或是衣袖，轻轻划过你的脸，扬起一阵温润的香，待你蓦然惊觉返身去嗅，却又无迹可寻——这诱惑的最高境界，是足以叫人魂牵梦、痴而不知所往的。在紫色的花香中散步，眼眸也被染成朦胧的紫，心里仿佛一瞬间泛起所有的前尘旧事，却又仿佛空无一物，那是精灵被唤醒，在身体里舞蹈——此时才真真正正、明明白白地悟了"忘情"二字。

Blue Mountain

A knowledgeable tourist

地理位置：坐落在新南威尔士州境内，距离悉尼97公里，车程1小时30分钟。是一道长长的山脉，覆盖面积约100万公顷。特殊的地理和气候环境蕴育了种类繁多的动植物。另外据记载考证，大约16000年前，这里的地质因为火山爆发而变化活跃，后来又经过长年累月的风雨侵蚀，使我们能够在今天看到各种奇形怪状的岩石和山峰。在这里分布着超过400多种动植物，充分展现了澳洲自然生态进化史的轨迹。在人们的心目中，原始森林国家公园一定是荒无人烟，其实不然，在蓝山国家公园内居住着多达8万居民，分布在6个大小村镇，人类与自然、原始与文明，能够这样长期和谐共处，在世界文化遗产中是不多见的。

游览项目：观赏尤加利原始森林和亚热带雨林，搭乘空中缆车，观赏澳洲特有的野生动物，森林中漫步，登山，参观火山岩溶洞和石笋等。

交通：在悉尼自己租车前往，车程1小时30分。在悉尼中央火车站搭乘火车，在小镇下车参加澳洲新世界公司的中文一日游行程。

旅游咨询：

蓝山游客问询中心：1300653408

详情查看当地旅游信息网：www.bluemountainstourism.org.au

INFORMATION

主要景点：Tatoomba观光小镇，Echo Point回声谷，The Three Sisters三姊妹岩，Zig Zag Railway蒸汽小火车，Wentworth Falls瀑布，Jenolan Caves溶洞，Megalong澳洲风俗观，Edge Maxvision Cinema立体电影，Everglades Garden澳洲特有的野生动物植物园，Mount Tomah植物园等。

提示：著名的蓝山咖啡其实是生长在加勒比海的小国牙买加1800米以上的山上的咖啡，产量极少，在这里喝到的并不正宗，只不过取其同名之趣罢了，倒也不必深究。

当紫色随着夏天的步子走远，熏衣草的花朵沉淀在漂亮的玻璃瓶子里变成精油，庄园里自制的熏衣草烤饼和饼干开始新鲜出炉，颜色也是淡淡的紫，有着烘烤过的、热热的幽香，支起白色的桌椅，喝着加了奶的咖啡，嘴里咀嚼着春天里的记忆，甜蜜的，青涩的，带点苦，回味却是伤感的，悠悠的香。

收割过的田野适合夜晚散步，也适合煮杯咖啡，静静坐在前廊上等待它变温。远处山的影子隐没在蓝紫色的天幕里，像浸没在苏打水里的冰块。空气清新得让人忽略它的存在，星星近得几乎可以随时掉下来，深深密密的草丛间蒸腾出水汽，让一切光亮都变得像浸没在溪流里一样闪烁流动。有荧荧的淡绿的光芒从树林间亮起来，并且越来越多，渐渐缀满低低的夜空，并且像浮在海面上一样，一点一点地漂移，有时会聚拢在你身边，又倏而散去，这些小小的萤火虫，它们是夏夜里的灯。

每年的七八月，雪会如约而至，房顶上厚厚的一层雪，屋檐上有冰挂，会飞的红色果实、紫色的香气、夏天里绿荧荧的灯，仿佛一夜之间，统统消失。蓝山被冻住了，冻不住的是孩子们叮叮当当的笑声，以及老咖啡馆里咖啡和糖果的芳香。捧住一只滚烫的杯子暖着手，杯子里袅袅的热气融化了记忆，透过挂着白霜的窗子，眼前竟是一派春暖花开。这让你相信，所有的离开，都是承诺，那些美丽的花与鸟，那些美丽的声音与色彩，如同多年前的记忆，正沉睡在某个你不知道的角落，等待阳光的再一次来临。

箱根 Hakone
微微的，醉意上心头
Being A Little A Bit Drunk And Happy
泡汤品酬，赏花吹雪。
——新箱根物语

中国古代诗人历来讲究借酒助诗，借酒观景，以便让诗情画意随兴倾泻，正是"醉翁之意不在酒，在乎山水之间也"。如今，诗人们所乐见的景观多已受到不同程度的破坏，使得他们捻断无数胡须也无处排解情怀，而日本的箱根，却犹如一处山水小筑，让人生出似曾相识的诗意感叹。

箱根是一个风光秀丽的国立公园，远可观云端上的富士山雪顶，近可看满树锦簇樱花，中间有点缀着民宅古迹的葱郁丘陵，加上潺潺温泉随处流淌，端的是一片"白云山间绕，清泉石上流"的如画景色。三、四月间，将自己浸于露天温泉，月下观落樱漫天的"花吹雪"奇景，此时若能把上一樽清酒浅酌低唱——如此良辰如此月，夫复何求！

箱根的小酒馆，是特色保留得最日本的那种。垂在店门上的酒旗、暖融融的灯笼以及偶尔飘出店外的低低却是热辣辣的话语，让走在异乡路上的人们不由得就产生走进去喝一杯的冲动。每个小酒馆的外部装饰都不相同，但外人看去，它们却是清一色的只有一个名字，那就是典型的日式小酒馆。

酒馆里一律只提供典型的日式酒——清酒。

Hakone

A knowledgeable tourist

地理位置：位于日本神奈川县西南部，距东京90公里。

交通：从东京乘火车一个半小时即可到达。

住宿：拥有饭店、旅馆、民宿219家，欧式民宿23家，青年旅馆2家。

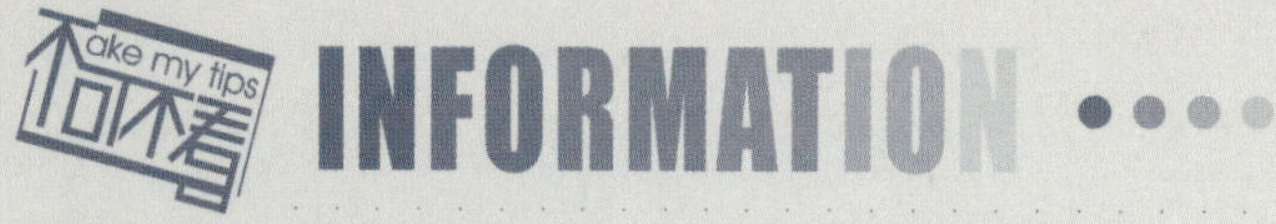

箱根神社：亦称“箱根权现”。据说，这个神社是在公元757年由奈良朝（710—784年）万卷和尚建设的。一直到公元1868年明治维新为止，都极受武士阶级虔诚崇拜。因为历史悠久，该神社保存有许多文化遗产，其中，传说是在平安朝时代雕刻成的神社创设者万卷和尚的木刻坐像，也被指定为“重要的文化财产”。

柳杉林阴道：这些高耸入云的柳杉木位于芦之湖东岸，沿古时的道海驿道排列，相传种植于公元1619年，其植树的目的是夏季遮荫，让古时旅人免受烈日暴晒，冬季则可防护驿道免受风雪侵袭。现在共有420棵的大柳杉树，已被指定为自然纪念物。

箱根关所：公元1619年由德川幕府设立，是古时联系江户与京都的东海道驿道上的一个关口，其目的曾经是为严格管制通行旅人。

早云寺：建于公元1521年，保存有许多文化遗产，其中最重要的一件，是画在大殿推拉门上的“龙虎图”。

箱根石佛：在芦之汤温泉的二子山山脚下，星罗棋布地布满刻在岩石上的地藏、佛像及石塔，雕刻于镰仓时代（1192—1333年）。日本人相信这些彬像是灵验的神，相信这些彬像能保佑通行箱根山中的旅人免受任何的旅途灾难。

强罗公园：这是一个有岩石假山的公园，是于公元1912年在早云山脚下斜坡上筑成的法国式公园。在这个占地面积36000平方米的公园里，铺设有天然岩石块砌成的散步小道，有喷泉、花坛等设施。公园附近有樱花树林，此地又以杜鹃花著名。

大涌谷：约在40万年前开始的箱根山长期火山活动最后一次大爆发造成的地形。从大涌谷眺望富士山，景色尤美。

总觉得清酒是中国古代诗人喜欢喝的那一种，轻盈隽雅，暗香浮动。其制作非常考究，主要原料是精白米磨去了外皮，以久负盛名的滩之宫水为水源，并采用优质微生物和现代科学方法酿成。色泽澄澈，呈淡黄色，具有独特的酒香，绵柔爽口，酒度在16%左右，平添情趣而不易喝醉，实在是再合适不过的"诗酒"。

清酒的盛具也要讲究意境的，其瓶底的大半部呈斜面，置于桌上时酒瓶稍斜而立，盆景般精致灵秀；再用一只瓷制浅碗（形似瓷碟）斟了，十足古意再加三成简洁的现代感，又多一分意趣。

这样的酒，如果用大海碗盛了，呼朋唤友吆三喝四，再划个拳，那就全成了焚琴煮鹤。携了酒瓶、酒碗，依旧滑到温泉里，嗅一嗅酒的幽香，小口轻啜，让温热一点点漫上身来，眼前有景，胸中有诗，方是品味清酒的正道。

酒过三巡，眼也朦胧起来，和着热雾，只觉得一切都变得遥远，一切都变得虚幻，景、人都化在了水里，微微的，有丝醉意袭上心头。

花园大道

The Garden Route's Scenic Coastal Region

好想和你去兜兜风

Driving,Driving,Driving

海，树，云，路，以及天上不时飞过的鸟儿，路上不断穿行的斑马和狒狒——人类文明从未像现在这样与自然相得益彰过。

——《走进非洲》

素有“彩虹之国”美誉的南非，是一个真如彩虹般美丽的国度。迷人的自然风光、温暖的气候、繁多的动植物、完整的都市乡村规划、缤纷的多元文化气息、热情好客的主人，这一切都令人难忘。有人说，南非是现代文明与原始自然最完美的结合体，同时又是不同人种、各种文化最集中的居住地。所以，各地广泛流传着“走过南非就等于游遍世界”的说法。

从伊丽莎白港至开普敦一段，绵延数百公里，是著名的花园大道。这是一段滨海的一级高速公路，一侧是茫茫无尽的万顷波涛，一侧是令人眼花缭乱的陆地景色。湖泊、山脉、黄金海滩、悬崖峭壁和茂密原始森林丛生的海岸线与道路并行伸展，便给过客们融入了无数旅途的惊喜。

傍着巍峨的奥特尼夸山脉和齐齐卡马山脉，一路驱车前行。随着女友的大呼小叫，一段一段电影外景般的景色扑面而来，似乎每一分钟都会有所变化，每一种变化都是那么风格独特，迥然不同。气势磅礴的远山、舒缓静谧的河流、安详的自然谷、华丽的克尼斯纳、原始的齐齐卡马国家公园、惊险的保罗沙尔桥……一幅幅或精巧、或恢弘、或淳朴、或浪漫的画面交替着出现在你眼前，于是也会将你的情绪变化出不同的色彩，或沉思、或惊叹、或怡然自得、或浮想联翩。你会突然感到，原来人是如此容易被真正的美所震撼、所陶醉，哪怕是那些早已被灯红酒绿所麻木的心灵。

若是驾敞篷车出行，便有了更多的乐趣，纯净的阳光柔和地照在身上，空气清新温润，海，树，云，路，以及天上不时飞过的鸟儿，路上不断穿行的斑马和狒狒——人类文明从未像现在这样与自然相得益彰过。

1月下旬至5月是这里的“绿色季节”，大道两旁会开满鲜花。据说这里集中了全南非数千种花卉，开起来姹紫嫣红、争奇斗艳，花香袭人。徜徉在花的海洋中，你会由衷感叹，花园大道果然名不虚传。

在花园大道上兜风，你能看到各种牌子的车辆，火红的“法拉利”，加长的“沃尔沃”，端庄的“宝马”，嚣张的“凯迪拉克”，一律挂着最高挡行驶，超车时毫不客气，或许还会甩过来一瞥轻蔑的眼神，好像在说“你真面”。不时还有艳装女郎旁若无人地驾车疾驰，长发飘飘，眼波暧昧，随后撒下一串银铃般的笑声飞驰而去。

走得累了，或许可以停下来逛逛，买上几件纪念品，去品尝一下当地有名的生蚝，到海边看看蔽天的水鸟。每年6到11月，成群的鲸鱼会顺着温暖的洋流从北欧迁徙到这里的水域，鲸鱼呼叫者们会吹响号角，让大家来到岸边，近距离观看鲸鱼喷出的水柱和翻尾的情形。如果走水路，还会有海豚不断追逐着游船跃出水面，一显身手。

赤足走在海滩上，随着海鸟的起落而欢呼，听着潮声的来去而遐想，一点点的倦意慢慢浮上心头，或许该找个地方舒舒服服地睡上一觉了，明天兜风还要继续呢！

The Garden Route

A knowledgeable tourist

地理位置： 横跨南非东开普省和西开普省，位于非洲大陆最南端，濒临印度洋。

气候： 冬季的平均气温在13℃左右；夏季温度在25℃以上的时间也很少，气候温暖。一年当中都可以进行游泳、赛艇、帆船、划水、冲浪、鸟类观察，以及高尔夫、网球、骑车旅行等大部分陆上、水上运动。

INFORMATION

玛赛尔湾（Mossel Bay）： 是一个欧洲风格的海滨城镇。1488年，葡萄牙探险家所罗门·狄亚斯最先在此登陆。现为著名的度假胜地。镇内的广场有数座博物馆，博物馆有历史文物、海洋纪事及贝壳等展品，航海博物馆里有仿制的老式帆船和海洋生物。海边有著名的邮政树（Post Office Tree）。镇上有沿着海边悬崖建成的长13.5公里的步行游览道（St.Blaize Trail），风景秀丽。港口有旅游船到附近海豹岛参观，岛上有逾二千只的海豹和鸬鹚、塘鹅等野生动物，颇为壮观。

乔治镇（George）： 位于欧坦尼科山脚、面临蔚蓝大海的风景明媚的小镇。镇里的乔治博物馆是座维多利亚时期的老式大楼，小古玩收藏极丰。爱好蒸汽火车的游客更不可错过乘坐欧坦尼科·丘卓号观光火车的机会，这是南非仅存的蒸汽火车之一，往返于乔治镇和尼斯纳之间。此外还有欧坦尼科和蒙他古山径两条风景幽美的步行游览道连接乔治镇与内陆地区。

原野国家公园（Wilderness National Park）： 从乔治镇出发向东15公里，就是原野国家公园。原野国家公园有5个河流、湖泊，两个入海口，总长28公里的海岸线。迷人的湖泊、如诗如画的小村庄、海水和淡水交汇形成的沼泽以及各种各样的鸟类、野生动物和植物是原野国家公园的特色。也被称为赏鸟者的天堂。

克尼斯纳（Knysna）： 是英国乔治三世国王之子乔治雷克斯建造的闻名遐迩的度假胜地。在面海的小山坡上，有各种各样的类似童话世界里的欧式别墅点缀在青山绿水中。克尼斯纳也是花园大道最为华丽的城市。克尼斯纳有美丽的环礁湖，入海口有两座岬角。乘坐豪华轮周游环礁湖是最精彩的观光节目之一。另外的精彩节目是在悠闲岛自然保护区观光、品尝生蚝，米尔伍德博物馆也值得一往。在克尼斯纳周围还有茂密的森林区。

普利登堡湾（Plettenberg Bay）： 距克尼斯纳约25公里，是一座拥有三个幽美海滩的古老小城。在沙滩上建有一座外形非常有特色的"空中酒店"。小城的自然保护区以种类齐全的海洋植物、海豚和鸟类著称。普利登堡湾也是著名的垂钓场所，是钓鱼爱好者的乐园。

自然谷（Nature's Valley）：是一座以拥有众多私人度假别墅而出名的小村，坐落在青山绿水间，风光秀丽，安静祥和。小村四周为美丽的沙滩环绕。此外小村还有步行游览道通往暴风雨河，观光公路通往齐齐卡马山的景区。

齐齐卡马国家公园（Tsitsikamma National Park）：以齐齐卡马山为中心，有100公里长的海岸线。岸边是原始的荒野、奇特岩石的悬崖峭壁和狭长孤立的美丽海滩。茂密的原始森林沿着河谷生长为其特色。有一条徒步游览的小道从暴风雨河开始至自然谷为止，途中穿越海滩、悬崖、荒野和原始森林，有绝美的风景可观赏。在日出日落的时候景色美得让人落泪。该路线需在途中过夜。另外还有一条水中线路为游泳好手、潜水爱好者所喜爱。在暴风雨河口有小木屋和露营设施供过夜用。

保罗沙尔桥（Paul Sauer Bridge）：是暴风雨河上130米高的桥梁，此处为徒步游览道的中点休息站。

蚝湾（Oyster Bay）：有明媚宽广的海滩，是个美丽诱人的小镇和度假中心。海獭是蚝湾与圣法兰西斯湾之间自然保护区的著名观赏动物。

杰佛瑞湾（Jeffrey's Bay）：是颇受欢迎的海上冲浪度假胜地，每年夏季都有很多冲浪爱好者前往。杰佛瑞湾的海滩几乎没有礁石，并以贝壳砂著称。当地图书馆也有很丰富的海洋贝壳收藏。

圣法兰西斯湾（St Francis Bay）：位于辽阔的海湾上，有数座很受欢迎的海洋度假中心——圣法兰西斯角、天堂海滩和亚斯顿湾等。所有度假中心均面对未经破坏的天然海滩，景色宜人。席克欧埃河自然保护区位于亚斯顿湾，有种类繁多的大型水鸟，而圣法兰西斯角海洋自然保护区则有南非海洋矶鹞栖息。

丽江 LiJiang

发呆,发呆,还是发呆
In A Daze

神秘和梦幻参半，一种终于来到世界的某个尽头和归宿的感觉。

——《消失的地平线》

都说丽江是个适合发呆的地方，这话一点也不假，在时光倒退了二十年的地方，住在一个古老的四合院里，满天都是星星，放一把藤椅，泡一壶玉龙雪山茶，闻着花香，听着鸟叫，什么也不想，静得只可以听得见自己的心跳，也许在你的身旁就有一个异国的美眉和你一样在发着呆，你们偶尔眼睛对在一起，便会心地一笑，是啊，丽江是个什么也不想却让你心跳的地方，恋爱一场也许会变得很简单。

到过丽江的人都说：丽江的早晨是从11点开始的。

太阳照射得身上暖烘烘的时候，小街旁边的店铺才接二连三打开了店门。接着，觅食的游人和觅食的麻雀才一起出现在亮晃晃的街上。

Lijiang

A knowledgeable tourist

丽江古城：位于中国云南省西北部丽江县境内，有800多年的历史，面积3.8平方公里，海拔2416米，有6100多户纳西人家，人口近3万，古城称“大研镇”。

丽江小吃：黄豆面—大石桥小吃店，那里的烤鱼也不错；卤米线—集贤小吃店；鸡豆粉—木府附近；丽江粑粑—大街上随处可见。

丽江酒吧：福尔摩沙——老板很cool；井卓——音乐不错，安静，柠檬茶加蜂蜜仅5元；左岸咖啡——老板娘是美女，适合晚上坐；Sakura house ——老板是个有故事的人；樱花屋——第一家酒吧。

住宿：

木老爷客栈：光义街忠义巷66号，0888-5121584；

民居客栈：五一街文治巷85号（重点保护民居），0888-5120066；

三眼井：光义街光碧巷58号（重点保护民居），0888-5125790；

古城茶马客栈：新义街积善巷9号，0888-5120351；

望古楼青年客栈：古城新华街黄山下段50号，0888-5129773。

交通：昆明可转机到丽江；从昆明坐巴士或高速客车到大理，在大理逗留1—2天，再由大理转车去丽江是一条经典的走法。

INFORMATION

到丽江必做的十件事：

一、到万古楼听鸟叫，与丽江老头搭话；

二、吃一碗黄豆面；

三、看四方街的四张脸；

四、发现一条属于自己的小巷；

五、拜访一名隐士或狂人；

六、站在远处观察一位丽江老太太；

七、喝一口丽江的井水；

八、有幸得到一张“丽江名片”；

九、各买一个不同类型的丽江粑粑；

十、进一个院子发呆。

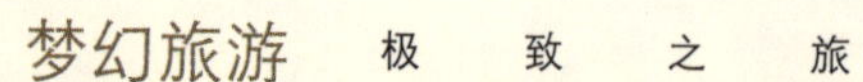

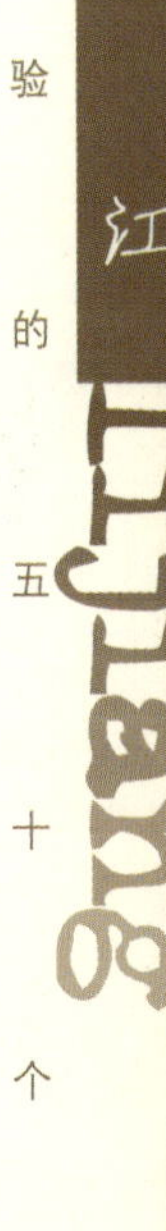

坐在小酒吧里聊聊天，上石桥上吹吹风、数数古城的灯火，痴痴地倾听那首惟一的纳西古乐《给灵魂洗个澡》，有的只是幽远、祥和、抚慰，甚至略带愉悦。

有一本关于丽江的书里面写着，丽江人和来丽江的人都喜欢无所事事地在四方街上晒太阳，有人问一位纳西族老太太："你们整天这样，不觉得浪费时间吗？"老太太答曰："你忙忙碌碌活80，我晒晒太阳也活80，为什么急急忙忙去赶死呢？"

在中国这么大的一个地方，丽江是独一无二的，一方面你可以极小资地过着风花雪月般的浪漫日子，同时你又可以极自我安慰地说自己到了香格里拉，一个传说中是天堂的地方。有多少人在这里迷惑，有多少脚步在这里停留，又有多少梦在这里开始。

千万别在丽江这样鬼魅的地方谈理想，在一个叫"达达娃"咖啡馆里的留言簿上看到过这样的一句话："要看得穿光阴，挥霍得起生命，忘记时间宝贵这个词句，才有资格做一个丽江的常客。"

丽江漂亮，远处看见雪山，街边是朗朗的小河，路边开着叫不出名字的野花，邻桌的老奶奶笑得好灿烂。丽江时尚，夜里的酒吧街灯红酒绿，人声喧哗。然而丽江的最好就是可以一整天坐在那里发呆，让自己从身体到思想彻底地空洞。

这一辈子哪儿都可以不去，但不可不到丽江去呆一次。

久德普尔Jodhpur

蓝色之城 Blue City

印度是不能被评判的，印度只能以印度的方式被体验。

——奈保尔

久德普尔是一个充满情调、适合小资逗留的地方。它精致小巧，旧城区里所有房子的墙壁都涂成蓝色，内部也是一片淡淡的蓝色，远远望去像成千上万的蓝积木。Lonely Planet推荐的Cosy Guesthouse在一个高坡上，站在伸出的阳台上，密密麻麻的蓝屋尽收眼底。早上起来，走上天台，要一份早餐，坐在吊椅上，摇啊摇，一个上午就过去了。和风丽日下，满眼是蓝。抬头一看，天空变成深深的蓝灰色，像一块人工做的幕布，有种不真实的感觉。印度很多城镇，如斋普尔、乌代普尔等，都有成片房子涂成蓝色，与久德普尔相比，只是数量没那么多、颜色没那么深，因此久德普尔被称为蓝色之城。至于为什么整个城镇都涂成蓝色，没有一个明确而固定的答案。据说蓝色是印度最高种姓“婆罗门”的专属色，就像中国古代“黄色”与皇族的关系一样。

旧城区那弯曲狭窄的蓝色街道很值得散漫地游逛，可以细细品味那些门窗上的精美雕花，蓝色的墙壁上还不时会见到各种宗教题材的绘画和精心描饰的图案，时间仿佛在这里停止，一种陌生的历史感纠缠上身。印度传统文化没有被替代是因为无法被替代，它有一种咒语般的迷惑力。行走在仄仄小巷中，不时看到身披色彩斑斓的纱丽的印度少女，在蓝蓝背景前徐徐走过，我就知道，这是北印度最值得停留的地方，几百年来每天都在上演平平常常又耐人寻味的生活剧。

久德普尔离城约十几公里有座皇宫，是当时宰相辛格所建，气势宏大，极尽奢华。现在变成了博物馆和当地最高级的酒店。只要花上不到200美元，就可以住在皇宫里，感受印度社会贫富悬殊和等级森严的传统。还有一个钟塔市场，规模很大，每天周边的人都汇集于此，进行各种交易，在此可看到印度最绚烂多彩的纱丽，绝对的拉贾斯坦风格！

久德普尔大片蓝色的笼罩下，人们不会如蓝色暗示的那样忧郁，就像泰戈尔的诗，有很多伤感元素，读了你会感动，但决不伤痛。印度有太长的文明史，经历了太多坎坷，她既高贵，又有点忧伤，这就是蓝调的久德普尔。

Jodhpur

A knowledgeable tourist

城市历史：久德普尔位于斋普尔西方大约300公里处，是拉贾斯坦第二大城市，仅次于斋普尔。久德普尔是公元1459年时，拉索王朝(Rathore)的拉久德哈(Rao Jodha)王公所建造的。

面积：35066平方公里。

交通：以火车为主，多为朝发夕至，须买卧铺票以保证安全。印度的火车票分类复杂，价钱差别很大。购票最好提前预订，火车上无人报站，要小心过站。(重要提示：可从www.indianrail.gov.in下载最新印度火车时刻表，非常有用！)

住宿：以Lonely Planet《印度》为重要指引。GozyGuesthouse，双人房(公共卫浴)200卢比/晚。最好是住在老城区，守着那些蓝房子感受历史。可以在Lonely Planet上选择一家客栈，下了火车叫机动三轮车直接送过去，车费30卢比。

吃：Lassi，一种印式酸奶，营养味道俱佳，可选择香蕉等水果混合，约15—25卢比/杯；MasalaDosa，包有土豆等蔬菜馅的油煎薄脆米饼，香口不腻，约30—40卢比/份；Naan，一种烤白面饼，香软可口，约5卢比/份。

鸡蛋三明治小铺子Omelette Shop；奶昔果汁店Mishrilal Hotel；钟塔(Clock Tower)附近，走路要15—20分钟的时间。

购物：这里的克什米尔披肩价格便宜，种类繁多。骑马用具、皮拖鞋是这里独特的商品，既实用，还有纪念意义。

梅兰加尔古堡(Meherangarh fort)：梅兰加尔古堡位于久德普尔旧城区，是1459年久德哈王公建造的。屹立于大约125米高的巨崖之上，古堡建筑采用坚硬的黄色砂岩，周围环绕有护城墙。梅兰加尔古堡拥有七道城门，是由不同的王公建造于不同时期。站在城堡上方，可以眺望久德普尔旧城景观。目前梅兰加尔古堡内，有一部分辟为博物馆。里面展示许多印度古代枪炮、武器、旗帜、皇室宝座、象轿、地毯、壁画等文物历史。

贾斯旺·萨达（Jaswant Thada）：贾斯旺·萨达位于梅兰加尔古堡下方，建于1899年，是一座白色的大理石陵墓建筑。贾斯旺·萨达建造在一处玄武岩上面，是为了纪念贾斯旺·辛格王公（Maharaja jaswant singh）而建，象征昔日统治者的光荣。贾斯旺·萨达范围内有白色凉亭和平台，里面陈列有历代久德普尔王公家谱、肖像等。

耆那教寺庙（Sachiya Mata Temple）：久德普尔地区，屹立着许多耆那教寺庙。其中以久德普尔郊外的Sachiya Mata Temple，最富有艺术气息。这座耆那教寺庙，是11—12世纪之间所建的。从入口开始，就充满吸引人的特质。寺庙前面建有一条长长的阶梯，石阶两旁柱廊上面，都装饰着精致无比的银雕，不但雕工细腻，而且样式也非常典雅。进入耆那教寺庙里面，可以看到油灯映照下的神龛、天花板，都缀饰有银质雕刻。

乌麦·巴哈旺皇宫（Umaid Bhawan Palace）：乌麦·巴哈旺皇宫，是久德普尔最具代表性的建筑物。这座皇宫总共动用3000名工匠，从1929年启建，直到1945年才完工。

钟塔市集（Clock Tower Market）：久德普尔最吸引人的购物区，就是钟塔附近的市集。

圣莫里茨
St.Moritz

雪域麦加
Mekka In The Arm Of Snow Laday

冬天的蚂蚁颤抖的翅膀，等待瘦瘦的冬天结束

——（美）罗伯特·勃莱

飞驰的列车窗外，是从未见过的茫茫的雪海：因为太纯净而显出晶莹的淡蓝，海上是一片没有波动的雪浪，风不时从雪浪中吹走一些雪片，好像吹走海浪上的泡沫。阳光竟然如此灿烂，它炽热地照在深谷里，照在深厚的雪堆上，经过了许多世纪，雪堆凝结成闪亮的冰块，然后崩裂下来，积成了冰河。

列车顺着山势不停地向上，冰河也一望无际地伸展出去，像一条夹在崖石之间的、由冰块形成的茫茫大江，那是一股汹涌的激流冻成的绿色冰块，一层一层地堆起来，凝结在一起。在这冰堆下面，融化了的冰雪闷雷似的轰隆轰隆地朝山谷里冲去，再下面就是许多深洞和大裂罅。它们形成一座座奇异的水晶宫。"这是冰姑娘的城堡，"瑞士人会这样告诉你，"这个冰世界里关着许多恶人的灵魂，而且这些灵魂直到世界的末日也不会得到释放。"

是的，我们现在正坐着Glacier Express（冰河观光快速列车）行驶穿行在阿尔卑斯山中，穿行在瑞士，一个山与雪的国度。身心被巨大无边的冰河与雪山震撼得微微战栗，那是一种对大自然神秘力量的赞叹与恐惧，在如此壮阔而冰冷的天地中，除了顶礼膜拜，我们别无选择。

而当冰河列车在终点停靠，车门打开，眼前出现的却是另一个完全不同的世界：碧空如洗，湖水结了冰，泛着淡绿的光泽，像一大片被磨得又光又薄的大理石；阳光射进溪谷，将雪野照成几乎透明。山坡上是各式各样的房子，圆顶的，尖顶的，玫瑰色的，雪青色的，奶黄色的，分明是童话中的城堡。远处的雪峰上，笼罩着低垂的云，犹如一层薄薄的纱幕。这里，便是瑞士最为著名的小镇之一——圣莫里茨。它为人们展示冰雪的另一重性格——没有丝毫的危险，也没有丝毫的压迫感，只是从容、安静、亲切、纯净、甜美，像一块放大了的、精致的冰淇淋蛋糕，让人迫不及待地想要细细品味。

也许，在瑞士众多雪乡中，上帝独爱圣莫里茨。

St.Moritz

A knowledgeable tourist

地理概况： 圣莫里茨位于阿尔卑斯山脉的中心地带，是位于海拔1856米的村庄，是傍依瑞士上部恩嘎丁（Engadin）的美丽湖水的村庄。干燥的梦幻香槟气候是惟有一年322天日照量的圣莫里茨的传说，也是表现著名阳光的代表。曾成功举办过两届冬奥会。这里有海拔超过3000米的高山滑道，被认为是高山滑雪的“麦加圣地”。

交通： 苏黎世到北京之间有直达航班，飞行10小时。瑞士不是欧盟国家，因此需要单独签证。

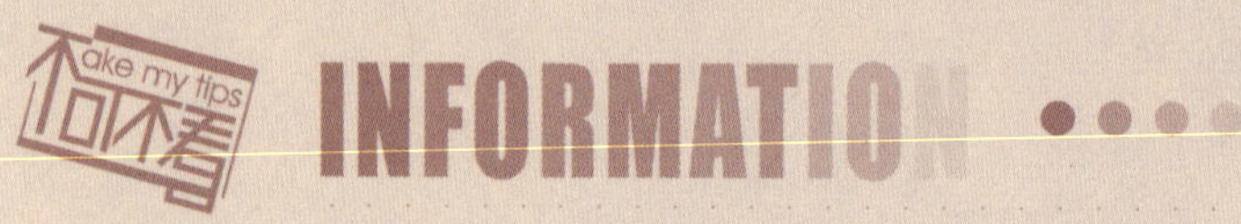

温泉中心： 有矿物质的温泉中心，可以享受芳香浴和按摩。

恩嘎丁博物馆（Engadin Museum）： 对此地传统生活进行宣传的生活用具展示。

塞根蒂尼美术馆（Segantini Museum）： 关于塞根蒂尼作品的美术馆。三部非常知名的作品也收藏于此。

圣莫里茨湖： 一年四季均可在美丽的湖畔散步。

考尔维利亚（Corviglia）： 距离市中心不远的眺望台。在此可以尽情眺望湖泊和城镇，您还可以选择从这里乘坐缆车继续登至内尔山，或者在此进行徒步旅行。

德鲁伊德之路（Druid）： 古代凯尔特民族的巨石遗迹之一。

海蒂小屋： 拍摄电影《海蒂》时使用过的小屋。

湖光山色自不必说，1856米的海拔，不会造成高原反应；而平均每年322天的晴天让它成为全瑞士日照天数最多的城市；因为离海洋最远，圣莫里茨是瑞士最冷的地方，冬季湖水会结冰，夏季七、八月都可能下雪，在一天之内，春夏秋冬就会轮番登场，令人惊艳。

重重冰峰雪藏了小镇，却无法雪藏冰雪的乐趣，这里的户外活动有150多种：冰上高尔夫球、冰上马球、赛马、赛狗、板球、旋螺和翼伞……它们是如此有趣和富于想像力，即使不亲身下场，单是观看也让人兴高采烈。

银色的陡斜山坡是滑雪者们的最爱，踩着雪板从峰顶滑下，就像在飞，山风吹动头发，感觉自己如羽毛般优美和轻盈，一个大回转，划出完美的弧线，眼前的雪末则飞扬成一片薄烟。山下的圣莫里茨湖，夏天是泛舟钓鱼的去处，结冰后，就是冰上赛马、冰上马球、冰上高尔夫球或是冰上钓鱼的最佳场所；如有空闲，安步当车，绕湖一周约一个半小时，一年四季都满眼好风景。

令人惊艳的还远不止这些。

根据当地的传说，在1830年，圣莫里茨还只是个寂寂无名的小镇，稀稀朗朗住着二百余人。一天，有个冬季旅行家迷路误闯此地，却被眼前的景色迷住了：那终年积雪的阿尔卑斯山脉前，深幽的森林衬托着澄碧的湖泊，草地上繁花竞放，挨挨挤挤地望不到头，冰冻的空气竟然满含香槟气息！最神奇的是，居民们个个面色红润，皮肤细腻，腰背挺直，在大雪纷飞下无惧严寒，健步如飞，看起来与实际年龄相去甚远。好奇的旅行家于是托词患病住下来，查探其中隐秘。终于，他发觉是这里的温泉让人们身体健康，更使青春常驻。后来，旅行家依依不舍地离去，某夜酒醉将小镇的奥秘不经意道出。于是世上少了个世外桃源，多了个被叫做"香槟小镇"的度假圣地。

如今，从山尖上飞身滑下，躺在湖边的雪地上，看无比温暖的阳光照在无比纯净的雪山与湖泊上，淡淡的水汽一点点在空气中蒸腾，带着雪里深埋的植物的清新，与温泉弥漫出的雾气融合，空气果真犹如冻成薄片的香槟，轻轻呵一口气，就如同冰凌一样咝咝地裂开，带着气泡轻微的、沙沙的破裂声，将清新的水汽溅得人一脸。

深深吸一口气，感恩像阿尔卑斯的云一样从心底升起，圣洁的快感涌满整个心胸，这水晶一样纯净的小镇，它是我们的雪域麦加。

普罗旺斯
Provence

最不崇拜时间的地方
Mr Time, Stop!

时间已没有任何重要意义，而瞬间倒有了独特的意味。

——彼得·梅尔《永远的普罗旺斯》

在法国南部，在大海与山地之间，有着一片光明的土地。

它从地中海沿岸延伸到内陆的丘陵地区，中间有大河"Rhone"流过，自古就以靓丽的阳光和蔚蓝的天空，令世人惊艳；这里有一望无际的阿尔勒向日葵、紫色的拉韦达薰衣草、造型奇异的古罗马加尔桥、都德的风车；这里有充满激情的都市马赛、尼斯，也有温文尔雅的大学城埃克斯、阿维尼翁，还有那些逃过世纪变迁的中世纪小村落。荒芜的峡谷、整齐的田野、原始的山脉……所有这些都被包围在不到150平方英里的普罗旺斯之中。

你很难找到什么地方能像普罗旺斯一样，将过去与现在如此完美地融合。穿越在普罗旺斯的古城和小山村里，我们惊异地发现，数百年前的城墙和建筑至今还完好地站在那里，沉静地叙述着历史，任何人到了这里都要学会放下城市里惯有的匆忙步伐，而去慢慢地品味阳光下摇曳的树叶，石墙上见人不惊的小鸟和空气中弥漫的熏衣草香。

每年复活节刚过，就有数百万人涌入普罗旺斯与蔚蓝海岸，亲临画册上难以描摹的景致及小说中不可置信的悠闲。尽管当地人会有所抱怨，但生活还是原来的样子，从来不因为外界的侵入而改变。

在尼斯，你可以在蔚蓝海岸惬意地享受阳光；在奥郎日，你可以坐在罗马时代的圆形露天剧场看戏；在阿尔勒，你可以坐在Place du Forum的咖啡厅里消磨一个下午，那令人沉醉的景致，与一个世纪前梵高所画的几乎没有差别……你甚至可以和所有当地人一样来一场阔别已久的午睡。

午后，腋下夹一本书，穿过小树林，在花园里找一个可以鸟瞰山谷的凉快所在。轻轻地滚进吊床，放好枕头，先将书撂在肚皮上小憩一会儿，听听周围的声音：树丛中蝉鸣正欢，那声音聒噪刺耳却又给人一种莫名的慰藉，在午后炎热的空气中起落飘荡，好像永不会停息。远处一只狗耐不住酷暑叫了起来，但渐渐地低了下去，最后淹没在蝉们的声浪中了。吊床下的干草丛中，一只蜥蜴捕获了一只小虫，掀起窸窸窣窣的一阵急响。

在吊床里侧过身，摆好读书的架势。好重的书啊！越过打开的书，你看到了自己的脚趾，吊床的绳索，矮橡树静止的叶子。蓝色的吕贝隆尽收眼底。一只飞虫在空中疏懒地盘旋着，翅膀的动作却似乎已经凝固，手里的书本仿佛越来越重了。书缓缓从你的手中滑落，轻轻跌落在肚皮上刚才停留的位置。

两小时后，带着全身的松懒醒来了。山上的光线发生了变化，天边的蓝色正变成紫蓝色，书本已滑落到吊床下面，书页散乱。捡起书，掸去书上的尘土。为了面子，将书翻到135页，在那儿夹了张书签，然后穿过树林，回到游泳池边，泡在被太阳晒得暖暖的水里，你感到了难得的舒适。

突然，不自觉地，从你嘴边冒出了彼得·梅尔在《永远的普罗旺斯》中的那句话：是的，在普罗旺斯，时间不像世界其他地方那样受到崇拜。

Provence

A knowledgeable tourist

城市历史： 早在罗马帝国时期，普罗旺斯就被列为其所属的省份。最初的普罗旺斯北起阿尔卑斯山，南到比利牛斯山脉，包括了现在法国的整个南部区域。随着古罗马的衰败，普罗旺斯又被其他势力所控制——法兰克、撒拉逊人、封建领主，还曾被法兰西帝国与罗马教皇瓜分。18世纪末大革命时期，法国被分成5个不同的行政省份，普罗旺斯是其中之一。到了20世纪60年代，行政省份又被重新组合划分成22个大区，于是有了现在的"普罗旺斯－阿尔卑斯－蔚蓝海岸"。

面积： 6925平方公里。

人口： 130900。

气候： 地中海亚热带气候，一年有超过300天的晴天，温暖干燥，冬天有强烈季风。

交通： 坐飞机（马赛—普罗旺斯国际机场）、坐火车（TGV地中海快线，从巴黎的北站出发或巴黎戴高乐机场站出发，仅需3小时便可到达），或者坐轮船，交通都很方便。

住宿： 普罗旺斯住宿，可以有多种选择，可以满足各种档次与各种消费水平，包括连锁旅店、魅力旅店、旅游村、小旅馆、当地居民提供的房间、度假村，等等。

欲知详情，可以查询两个网站：

www.crt-paca.fr（一般的了解）

www.crt-paca.fr/eng/PRO/accueil.jsp（专业人士）

INFORMATION

吕贝隆山区：塞南克修道院的花田是该区最著名的熏衣草观赏地，也是《普罗旺斯的一年》一书的故事背景，号称全法国最美丽的山谷之一。山上有一座12世纪的修道院，塞南克修道院前方有一大片的薰衣草花田，是由院里的修道士栽种的，有不同颜色的薰衣草。

施米雅那山区：施米雅那是一个极具特色的山城，山顶矗立着一座建于12至13世纪的城堡罗通德，环绕着一大片的熏衣草花田。站在施米雅那城镇里，随处可见到紫色花田，无边无际地蔓延。

冯杜山：是普罗旺斯山系的西脉，适合开车上山遨游，4月前山顶都有积雪，山顶最低温可达零下27℃，仅存苔藓植物，即使是在夏天，白色石灰岩的冯杜山看起来也像是白雪皑皑。“VENTOUX”在方言中是“风很大”之意，冯杜山就是因为这个因素得名，当北风狂吹时，几乎连你的靴子都会被刮跑，许多法国人倒喜爱来此健行，享受无与伦比的淳朴风光。

马赛：因《马赛曲》而著名。它处在地中海北岸，是法国第二大城市。这里没有巴黎的繁华，却有地中海沿岸最迷人的景色：水天一色的蓝，和人之间毫无间隔，站在海岸，却仿佛立在水中央。市内贯尔德圣母院、圣让堡垒、博物馆等，都是值得一游的地方。从马赛港坐船20分钟到伊福岛，那里是基督山伯爵被关押的地方。

埃克斯：是画家保尔·塞尚的故乡，自中世纪起就是一座大学城，也是著名的“泉城”。这里是罗马普罗旺斯的古都。在今天仍以古罗马遗迹、中世纪、哥特式和文艺复兴风格建筑而著称。埃克斯市还以独特的烹饪、玫瑰红葡萄酒，以及特别的语言——普罗旺斯方言闻名。

戛纳：从马赛到戛纳，坐车只需1小时。除了著名的戛纳电影节，当地为了吸引游人，还有很多其他节日。因此无论你什么时候去，都能碰到好日子，不必因为没有遇到众星云集的盛况而失望。

普罗旺斯美食：

橄榄酱：大蒜与鳀鱼（ANCHOVY）分别切碎，加入洗净的酸豆（CAPERS）、百里香、香薄荷（SAVORY）和柠檬汁，以食物搅拌机打匀，徐徐倒入橄榄油，并以胡椒调味。做好的橄榄酱涂抹在稍微烘烤的面包上就是最地道的开胃菜。

大蒜美乃滋：就是美乃滋与大蒜的混合。搭配的食物可是洋洋洒洒，从水煮蛋、蒸鱼，到各色龙虾料里都能搭配得宜。

马赛鱼汤：马赛鱼汤的历史已超过2500年，马赛鱼汤的重点就在各色各样精彩的鱼种，传统的马赛鱼汤是没有贝类的，尤其是淡菜绝对不能出现，但是螃蟹和龙虾并不禁止。

用最好的橄榄油炒香洋葱、西红柿、大蒜、茴香，加入百里香、意大利香菜及月桂叶，并以干橙皮调味，最后放入番红花增加色泽，然后再加入鱼肉。用大火在15分钟内完成。食用时汤与鱼肉是分开盛放的，在碗里摆上一片面包，直接将汤汁舀入，如果能再搭配些许的ROUILLE就更完美了。

大蒜辣椒酱：所谓的ROUILLE就是大蒜辣椒酱，其原料有大蒜、辣椒、橄榄油、面包屑与鱼高汤。

肥鹅肝：原材料是经过若干时间填喂的鸭或鹅的肝脏，往往加以波尔多白葡萄酒调配。在肥肝的等级方面，最高级的肥肝是整块肥肝。经过特定的烹调过程后，等整块肥肝冷却之后藏于冰箱；吃饭前三十分钟取出来，切成半厘米左右的厚片，涂在刚烤香的肥肝专用的特制面包或吐司面包上，可配带甜味的波尔多或阿尔萨斯白葡萄酒。

松露：松露是生长在橡树根部下的天然蕈种，对阳光、水量、土壤酸碱值要求相当丰沛，无法经由人工栽植，可制成松露蛋塔、松露兔肉、松露羊乳酪、松露冰砂等。

这是一个连公共厕所也讲究建筑风格的地方…… 是一个女子宁可赤身裸体也绝不会穿着颜色搭配不

假如一年中只有一天值得情侣

人们在这里寻找到一种爱的精神，

爱琴海见证着千古以来最有名的爱情。坐着夜船开到希腊的小岛，睁开眼，澄澈、透明

春里独自坐在里斯本老城区

情色篇

情色是香闺围笼中的暧昧；

情色是灯火迷离、泪眼婆娑的唯美；

情色是杨柳岸、晓风残月中的无语凝噎。

谈情说爱 Talk About Love

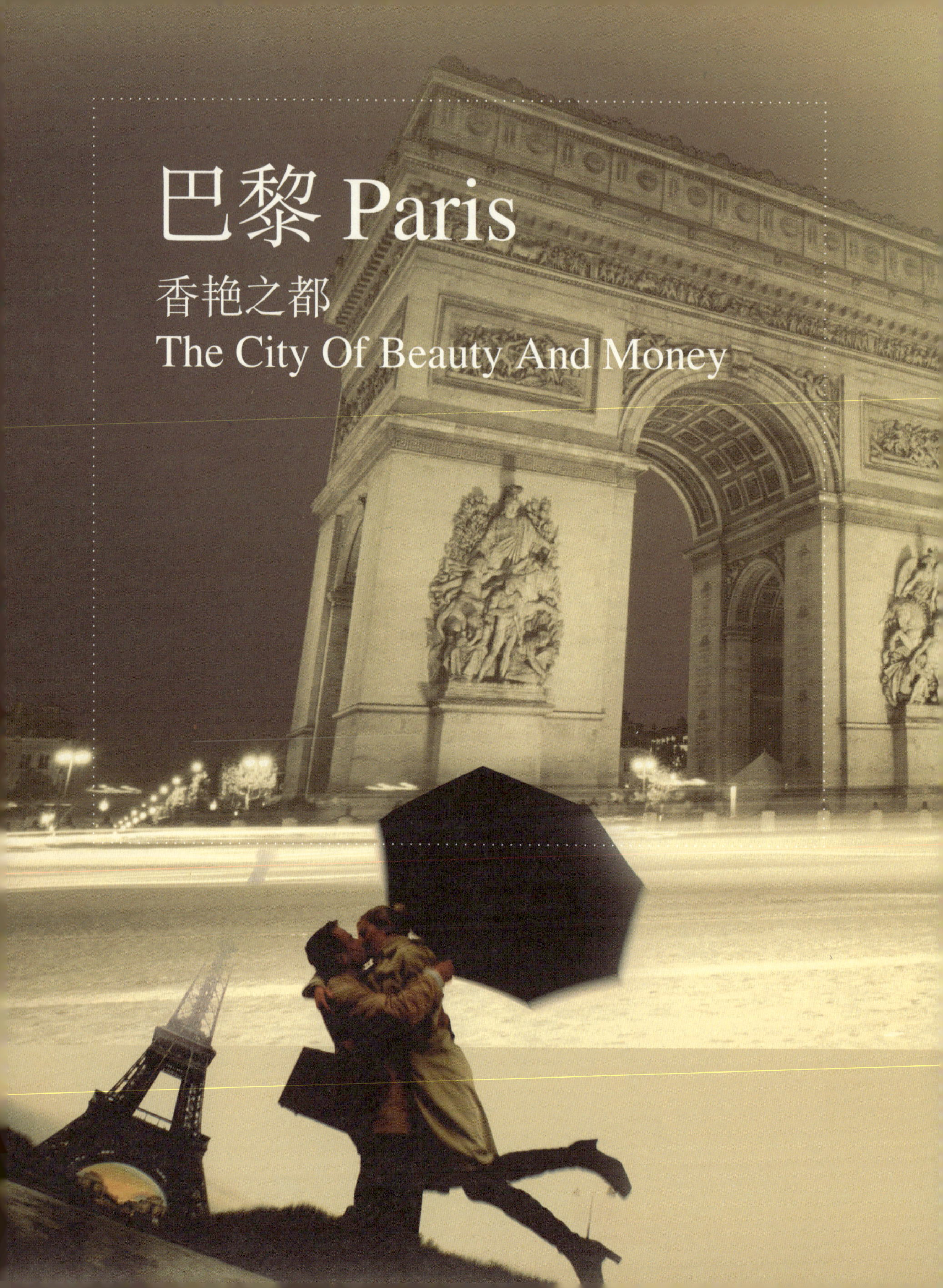
巴黎 Paris
香艳之都
The City Of Beauty And Money

“如果你有幸在年轻时待过巴黎，那么以后不管你到哪里去，它都会跟着你一生一世；巴黎就是一场流动的盛宴。”

——海明威

巴黎的浮华你走到哪儿都能碰到，分分秒秒躲不掉的，如果你不懂浮华，就只能被它嘲弄。反正在巴黎只能做两种人，要么是享受的，要么是被嘲弄的。

比如去Laduree吃早餐是享受的，而吃前一天Laduree的牛角面包是要被嘲笑的。

比如喝红酒必须要用cutter，否则就要被嘲笑；比如床单起码要250支的细支棉，上过浆熨烫过的，否则也要被嘲笑。

巴黎的浮华不是人人看得懂的，不是镶金嵌玉、铺大理石、造巴洛克柱子，巴黎的巴洛克在三百年前就完成了。巴黎的浮华是飘在空气里的，就像香水，刚好让你感到心旷神怡，不会多出一分，或颜色组合绚丽，每个细节都有质感，决不允许破绽。宛如用餐，每一把调羹、每一杯水都要最好的。这是无数推敲的结果，背后有无数的、无数的工作小时。但不一定是最贵的，重要的是你会品味其中的代价，这一点连巴黎人也不是都会的。

巴黎的宽广抵不过空气中弥漫的浮华和香艳，这些上千年摆弄出来的无限风雅之地，是到过或没到过的每一个人都无法抗拒的。

第一，玛德莲娜广场。这个广场是巴黎浮华的风口浪尖，时髦漩涡的正中央，每天出门就呼吸到大师精心调弄的巴黎味道，连空气也是打扮过的。

Paris

A knowledgeable tourist

城市历史：公元4世纪，罗马人强占塞纳河西岱岛上高卢人村庄，并建立了“巴黎吉”人的首府，巴黎从此得名。公元5世纪法兰克人征服高卢，建立法兰克王国。从公元6世纪起巴黎就成为法兰西王国的首都。1337年开始的英法百年战争使巴黎遭到严重毁坏。战后，弗朗索瓦一世再次定都巴黎并进行重修。17世纪和18世纪，法国的统治者曾迁都凡尔赛，但巴黎仍是法国宗教、文化、艺术中心。

地理位置：法国北部，塞纳—马恩省河西岸，距河口（英吉利海峡）375公里。

面积：市区面积105平方公里。

人口：210万。

气候：温和的海洋性气候，夏无酷暑，冬无严寒。

INFORMATION

巴黎圣母院：建于12世纪至14世纪。法国建筑史上的杰作。坐落在巴黎市中心塞纳河中的小岛上，是法国哥特式教堂经典之作。建筑的最大特点是高而尖，且由竖直的线条构成。正面有三重哥特式拱门，院内外都装饰着许多精美的雕刻，栏杆上也分别饰有不同形象的魔鬼雕像，状似奇禽异兽。它一直是法国的历史舞台，重要的国家庆典都在这里举行，是法国历史的一面镜子。

卢浮宫：坐落在巴黎市中心的卢浮宫是举世瞩目的艺术殿堂和万宝之宫，它建于12世纪末。共分六个部分：希腊罗马艺术馆、埃及艺术馆、东方艺术馆、绘画馆、雕塑馆和装饰艺术馆。其中最著名的“镇宫三宝”，即“爱神维纳斯”、“胜利女神尼卡”和“蒙娜丽莎”。

埃菲尔铁塔：法国巴黎的象征。一到夜晚，在灯光的照射下，铁塔仿佛变成了“玻璃塔”，玲珑剔透，成为巴黎的奇景之一。游客一般都会到二楼眺望，在天晴的日子，可从这里眺望70公里以外的巴黎近郊地区。凯旋门、香榭丽舍大道、协和广场：高45米的凯旋门，是当年拿破仑为纪念法国大军战胜奥俄联军而建造的，前后经过30年。在这雄伟的建筑物下就是无名英雄纪念碑。从凯旋门可以看到迷人的香榭丽舍大道和十二条以凯旋门为中心，向四面八方伸展的放射形大道。其中香榭丽舍大道是巴黎最漂亮的一条大道，它西接凯旋门，东连协和广场，是世界著名的商业区，一流的服装店、香水店、红磨坊等都集中在这里。每年国庆，都是在这条大道上庆祝。经过香榭丽舍大道来到另一端的协和广场，这是为歌颂法国路易十五世而建的。耸立于广场中心的纪念碑是1831年埃及赠送给法国的。

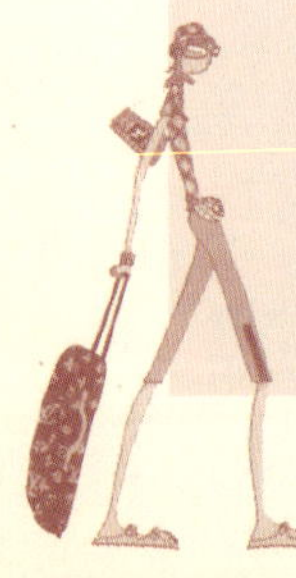

不是说要浮华吗?

从极温文尔雅的早上开始，在街上听不到有人大声说话，汽车也是不摁喇叭的，老头子穿着笔挺的羊毛外套，手里的拐杖可能是从Old England买来的。买小菜是在Hediard，那儿的每一根芦笋都摆放在最精致的光线里，个个颜色动人，不好看的东西在第8区，特别在玛德莲娜广场周围，是没人会喜欢的。

至于价钱，这里的居民是不大管的，东西要好，他们尊重别人精心劳动的方式是掏钱。

第二，在左岸圣榭尔芒德佩区的古老巷子里。那里有中世纪的窄街，古老浪漫的高档小旅馆，软墙裙、软脚几、落地窗幔、落地桌布、流苏低垂，嵌金线的家具在柔软中穿梭，旖旎、缱绻，说不尽的风月故事尽在此中。这也是巴黎浮华的一种特质。

这片左岸的街区，虽说是哲学家和画家的旧日地盘，现在实为巴黎新时尚的第一温床，不用担心你会掉进存在主义的陷阱，就算沙特老爹还亲自坐在那里，肯定也知道隔壁那位叫Kenzo。

第三个好地方，是老城中央3区、4区玛黑一带的古老旅馆，十有八九是贵族豪门的官邸改造的，够堂皇也够历史悠久，老地板、吊顶床、洗手间可能比别处的客厅还大。一推门出去，就是古典的花园广场和毕加索博物馆，还有前卫时髦彻夜不眠的巴士底。

历史的古迹散发出上世纪的粉黛巴黎，在这里依然能看到那些衣着华贵，出入在巴黎的大小旅馆，穿梭于贵族的晚宴和舞会中的贵妇们的身影。在某个客厅的沙发上还有她们残留的香水和脂粉味。

走出这些古老的建筑，街头巷尾仍然在继续上演着上世纪的香艳，细雨中，一对情侣在深情拥吻，一个巴黎女人穿着白衬衫，半透明的，微湿的头发性感妩媚，全然一副电影中的场景……

在巴黎过日子，的确很奢靡，很沉沦。走在街上觉得满眼都是明晃晃的太阳、太阳，云是很白很高的那种，一团团的，飞来飞去，不过风也够强劲，看见这种云才知道十九世纪的油画从哪里来，巴黎的艳情从哪里来。

隆达Ronda

等待一场艳遇

Dreaming Of A Love Affair

艳遇是两个对路的人的感觉碰出的火花，不一定与感情饥渴有关。既然是对路，那么一切都从这个相遇的路口开始。

——《十字路口》

三千多年前，一群人风尘仆仆地爬上西班牙安达鲁西亚地区的一座750公尺的峭壁，阳光点亮了他们疲惫的眼睛。不久，这里有了第一座白色的房子，或者不如说，一颗白色的种子。因为地势险要，所以安全无虞；因为林木丰美，河流丰沛，所以食物无缺。种子就这样迅速长大。剧院，教堂，街道，一样一样依次冒出头来，蔓延整个山坡。最终，这颗种子成长为一座至今繁荣的小镇——隆达。

即便是3000年后的今天，即使你已经亲自站在隆达城下，也依然会有置身梦中的错觉：一幢幢白色屋舍盘踞在直上直下的崖壁上，阳光灿烂到几乎变成银色，直射在白色建筑上，发出强烈的反光，那

样一种晕眩与震撼，似乎原本只该存在于想像中。当夜幕降临，雪白的灯光会将修建于18世纪，用来连接隆达新城与旧城的新桥映照得犹如黑暗海洋中浮动着的雪雕。而凌晨，当灯光熄灭的一瞬，整个小镇似乎都消失在淡蓝的晨曦里，你会怀疑自己亲眼见到的是否是海市蜃楼，或者，一切都不是真实的，那不过就是巨大戏院里出神入化的背景。甚至直到踩在隆达的山路上，站在悬崖边缘，看着脚下绵延无际的平原，看着似乎近在咫尺的阳光海岸，人们还会摇着头大叫：不！我不相信！我不相信隆达下面是陆地，它根本就是一出戏剧，是一座戏剧里才有的天空之城！

Ronda

A knowledgeable tourist

地理概况： 隆达是西班牙安达鲁西亚典型的山城，整个隆达被太加斯溪分为两半，旧城立足在山崖边十分壮观，跨过新桥即抵旧城。大部分的景点都在旧城，住宿与购物则以新城为主，因此入夜后的旧城宛如一座空城，寂静的石板街道搭配着昏暗的街灯，仿佛进入中古时期的西班牙！

旅客服务中心

地址： Pl.Espana，1

电话： 952-871-272

开放时间：周一至周五 9:00—14:00、16:00—19:00；**周六、日** 10:00—15:00

最佳旅游时间： 3月至10月。在这段期间，你可以观赏到西班牙最具代表性的斗牛赛事。

INFORMATION

回教宫殿（Palacio de Mondragon）、摩尔王之家（Casa del Rey Moro）、圣母玛丽亚主教堂（Iglesia de Santa Maria la Mayor）、菲利普五世之门（Arco de Felipe）、阿拉伯澡堂（Banos Arabes），其中以回教宫殿最值得一游，曾是摩尔国王的宫殿，内部有精致的回教庭园和中庭，非常美丽，也能在此观望郊区外的白色屋舍。

旅游提示：

游览隆达可从新桥前的西班牙广场(PLAZA DE ESPANA)开始，这里有一个旅客服务中心，可索取免费的地图。新桥的峡谷是隆达最著名的风景点，高100米的峡谷切割出一条溪流，如果体力够好，顺着峡谷步行到溪谷看台（CL ESCOLLERAS、PLAZA MARIA），可以仰望横跨峡谷的新桥，景色壮观，无与伦比。

广场后方是隆达斗牛场（PLAZA DEL TOROS），它是西班牙最古老的斗牛场，有200多年的历史，西班牙现今的斗牛方式就是在这座斗牛场诞生的。为了维护这座“古迹”，仅在特殊的节日才会于此举办斗牛赛，但游客可购票入内参观。

许多旅客将此地拿来搭配塞维亚或托雷莫里诺斯一日游行程，若是时间允许，值得在当地停留一晚！

也许还是把隆达叫做“植物”更合适吧，古老，并且枝繁叶茂。腓尼基人、希腊人及迦太基人的先后造访，像年轮一样在隆达留下清晰的痕迹。

从新桥往上爬，会发现一座建于18世纪的哥特式伊莎贝拉大门的西斯哥修道院。接下来是回教时期爱而阿而莫卡巴门及卡洛斯五世门，不远处便相安无事地立着天主教国王建造的艾斯柴力度经多教堂。位于古城心脏地带的Parcent广场上，Santa Maria de la Encarnacion教堂则分明混合了不同风格，有阿拉伯味道，哥特式设计，最后居然还高傲地发展出严谨的文艺复兴风格。而1485年，隆达被腓南度国王占领。因为四周被悬崖环绕，完全没有扩张余地，于是城镇只好向峡谷的北侧，即新市区发展，这一举动却恰巧成全了旧市区摩尔时代的风貌。

这扑朔迷离的混合特性让隆达开成一朵迷迭香，素雅而神秘，引得人群如蜂群般一波波涌来。

其实在很久之前，隆达便已经是闻名遐迩，令它声名大噪的是两种最富于戏剧性的人—— 一是斗牛士，一是土匪。

如今土匪们的凶悍与机警只能在传说中听到；而斗牛士，倒是从古至今一直无比鲜活，无比正宗。

大概三百年前，现代式的西班牙斗牛由一个名叫弗朗西斯科·罗梅洛的人在一次意外中创立。而他的孙子佩特，更是杀死6000头公牛而从未失手一次，在西班牙人心目中的地位接近于神。每年9月，小城隆达便会像烧开了葡萄酒一样沸腾起来，人人出于兴奋的癫狂状态，这是斗牛士们的节日，为了纪念佩特·罗梅洛。

隆达古城中的Plaza de Toros斗牛场，是西班牙最古老的斗牛场，也是斗牛士们朝圣的地方，它甚至还催生出此地一间严格的斗牛士学校和斗牛博物馆。因为太古老，这座圆形斗牛场不算太大，座位也只是条石，开场前的鼓乐仪仗，出场人物居然清一色古装，整套排场和服饰都根据18世纪西班牙画圣戈雅笔下的斗牛场面原样复制复原的，一下子将人们拉回300年的情景；气氛，也立即戏剧起来。

其实，比斗牛场里的戏剧更早开场的是场外小城里的情形。

人们都以为西班牙女孩子都会跳弗拉门戈，殊不知如今西班牙的年轻女孩子更喜欢那种扭来扭去的迪斯科。也许，只有在小城隆达的斗牛节日上，外国游客才会看到想像中的西班牙：虽然正式的斗牛比赛要在太阳偏西才正式入戏，但只要正午一过，隆达城里满眼都是地中海的蓝天与阳光，满街都是穿民族衣裳的女子，小女孩踢踢踏踏地当街跳弗拉门戈舞，裙裾飞扬，媚眼横斜，响指清脆，手臂舒展如火烈鸟的长颈，见到照相机的镜头便立即送上一个飞吻；姑娘们则人手一杯葡萄酒，旁若无人地笑闹，兴头上还会拉住过客非要干上一杯——都说西班牙女郎最解风情，一个眼神过去便会向人挑逗地笑，一代又一代，她们就这样使用了自己的青春。

每当斗牛士的马队经过，便会引来无数的口哨与飞吻——隆达此时变成了一座大剧场，全城都热闹得像唱戏；艳遇则最适合在戏剧里发生，更何况街上满眼都是梅里美笔下的卡门。

塞舌尔 Seychelles

情人节的礼物 Valentine Gift

假如一年中只有一天值得情[illegible][illegible]挥金如土，那这个日子一定是情人节。假如要为这个节日选择[illegible][illegible][illegible]方，那这个地方一定是塞舌尔。

——2003 塞舌尔旅游局发言人

塞舌尔可算得上是当今世界最干净的一处所在了。不受污染的海岛、保存完好的自然生态、最明媚的阳光、最清新的空气……这一切构成的最纯净的环境，正是涵养最纯洁的爱情的理想空间。

当踏入这个迷人的国度，恋人们燃烧的心，首先就会被那来自热带雨林的纯自然的气息所陶醉。同样是司空见惯的蓝天白云、金色的沙滩、翠绿的丛林，同样是古怪的海礁、若隐若现的栀子花香，在这里却显出无可挑剔的完美。马埃岛陡峭的山脊，铺着浓密热带植被的山坡，以及由摇曳的棕榈树点缀的海岸线，是情人们互诉衷肠的绝佳背景。难怪古时的水手们把这里称作“伊甸园”，这的确是只属于亚当和夏娃的地方，是只属于恋人们的地方。

相传在很久以前，马尔代夫的水手们在印度洋上偶然发现了几颗漂浮着的硕大的植物果实，形状很像女人的骨盆。这带有女体特征的果实立即引起了水手们的无限遐想，于是有人推断，它就是夏娃当初用来诱惑亚当的禁果，继而，他们又想到了传说中的伊甸园。后来，人们终于找到了他们梦想中的伊甸园——塞舌尔，而那种神秘的果实就是塞舌尔的国宝海椰子。

Seychelles

A knowledgeable tourist

历史概况： 公元7世纪，阿拉伯人发现了塞舌尔，1756年塞舌尔被法国侵占。1814年英国和法国签订巴黎和约，塞舌尔沦为英国殖民地，归英在毛里求斯的殖民当局管辖。1903年成为英直辖殖民地。1970年实行“内部自治”。1976年6月29日宣布独立，成立共和国，为英联邦成员国。

地理位置： 马达加斯加岛东北的印度洋上，由115个大小岛屿组成，是亚非两洲的交通要冲。

首都： 维多利亚，塞舌尔惟一的城市，世界最小的城市之一，只有一个交通红绿灯。

面积： 陆地面积455平方公里，领海面积40万平方公里。

人口： 8.1万人。

气候： 属热带雨林气候，高温多雨。年均气温在28℃—29.9℃之间，最高气温33℃，最低气温24.5℃，年均湿度80%。5—10月为旱季，凉爽少雨；11—4月为雨季，高温多雨。

语言与宗教： 克里奥尔语为国语，英、法语也通用。90%居民信奉罗马天主教。

马埃岛： 塞舌尔的第一大岛。拥有世界一流的天然浴场。海滩宽阔而平坦，水清沙白，是进行海水浴、日光浴、风浴和沙浴的最理想地方。

阿尔达布拉岛： 是著名的“龟岛”。岛上生活着数以万计的大海龟。它们可是名副其实的“大”海龟：身长足有两米多，体重有200多公斤，有的甚至达到四五百公斤。由于它长得太大了，所以人们又给它取了另外一个名字“象龟”。

弗雷加特岛： 昆虫的世界”。岛上繁衍着难以计数的奇异昆虫，有的十分美丽，有的却奇丑无比，看完第一眼不愿再看第二眼。

孔森岛： “鸟雀天堂”。这里的鸟雀种类繁多，美丽而且十分珍贵。孔森岛走一遭，你如果留心收集的话，得到的羽毛足可以做一件“百鸟衣”了。

蛋岛： 是个面积仅有0.4平方公里的小岛，每年7月，有数以百计的海鸥飞来产蛋。一时之间，岛上遍地皆是鸟蛋。岛上居民多以拣蛋为生，人称“自然之子”。

海椰子是塞舌尔的特产，而它的母体海椰子树却是一种非常神奇的植物。海椰子树分为雌雄两种，雄树高拔，雌树娇小，生长速度都极为缓慢，从幼株到成年竟需要25年的时间。雄树每次只花开一朵，花长1米有余，状似男性外生殖器。雌株的花朵要在受粉两年后才能结出小果实，待果实成熟又得等上七八年时间。雌树的果子成熟后剥开外壳，内核的形状很像女性臀部，并有女性外生殖器的特征。一棵海椰子树的寿命长达千余年，可连续结果850多年。最神奇的是，这种树雌雄双株总是相依而生，树的根系在地下紧紧缠绕在一起。相传在月圆之夜，雄树还会自行移动去和雌树共度良宵，一尽缠绵。最为奇妙的是，如果其中一棵树早夭，另一棵树也不忍独活，会殉情而死。

海椰子树的生存方式，也许就是对爱情的最好诠释：真正的爱情从来都需要长期的培养，真正的爱情从不缺少奉献和牺牲。因此，海椰子树又被誉为“爱情树”，海椰子也被誉为“爱情果”。

在这伊甸园般的海岛，在这令人肃然起敬的海椰子树下，情人们相依而立，海誓山盟，愿情像海椰子树般长久，愿身如海椰子树般相随相伴永不分离。还有什么能比这种情景更为浪漫，更为感人呢？

也许，能带上一颗海椰子回转，是很多情侣不虚此行的愿望。然而，这却需要不小的花费。由于塞舌尔大多数物品需要外来进口，物价普遍昂贵，一间最普通的客房，一天也要100多美元。对塞舌尔的国宝海椰子来说，就更是如此，它不仅一颗售价就高达几百美元，还需要政府的批准才能携带出境。然而，这是不是也意味着爱情应有的付出呢？为了甜蜜的爱情，为了一次完美的梦幻之旅，恋人们是不是不妨也来一次一掷千金？

维罗纳 Verona

倾城之恋

Everything Is For Loving You

人们在这里寻找到一种爱的精神，对爱的向往、对爱的恪守，这就足够了。因为爱是人类最本质的东西，有了它幸福就体现了出来。而又有谁不追求幸福呢？”

——余秋雨

这个城市对于殉情的传奇似乎有着特别的偏好。而所有这类传奇，如果跟罗密欧与朱丽叶的故事比起来，都要黯然失色。

这座列入了联合国世界遗产名录的古城对世界的最大贡献并非因为拥有世界上现存第三大的圆形竞技场，既不是阿迪戈河畔的老桥、中世纪城堡和城墙，也不是12世纪罗马风格建筑的杰作——圣泽诺大教堂，而是一段虚构的爱情故事。

尽管史家再三强调，没有确凿证据可以证实罗密欧和朱丽叶在历史上确有其人，普通人依然固执、一厢情愿地相信，这对13世纪的情侣的的确确曾在维罗纳活过、爱过。而维罗纳，也仿佛就因了这对死于青春的男女而获得了存在下去的意义。

搭乘Tiepolo号快车从威尼斯出发，一个半小时后就到了古时候被称作"小罗马"的维罗纳。维罗纳铺天盖地下着雨。走下火车，就像是一脚跨进了卡尔维诺的小说——《如果在冬夜，一个旅人》。

无需借助地图也能毫不费劲地找到市中心的布拉广场，绕过广场中央的古罗马竞技场，顺着浅红色大理石铺就的"马志尼"步行街继续向前，不远处就是古色古香的绅士广场和香草广场。

很难想像夏季的竞技场内白天游人密布，夜晚歌舞喧阗的场面。隔了两千年，古罗马的斗兽场变成了露天歌剧院，不一样的戏，不一样的看客和演员，仍然一代代继续演下去。近年这里反复上演的一出戏是威尔第的作品《阿伊达》，一个以古埃及为背景的爱情悲剧，场面浩大，气氛热烈，剧情却是以男女主人公双双殉情终结——优美，隽永，有着无限的感伤。

罗密欧与朱丽叶的遗迹并不难找。在香草广场的一角，折入一条中世纪小街"帽子街"，往前走几步，门牌号27的那个院子就是传说中的"朱丽叶之家"。

Verona

A knowledgeable tourist

地理概况：位于意大利北部，北靠阿尔卑斯山，西邻经济重镇米兰，东接水城威尼斯，南通首都罗马。建于公元前四世纪。是意大利最古老、最美丽和最荣耀的城市之一，拉丁语的意思为“极高雅的城市”。

人口：27万。

气候：地中海式气候，四季鲜明，夏季干燥，冬季多雨。

INFORMATION

1.意大利是冬雨型国家，每年10月到来年4月之间，雨水较多。请别忘记带雨伞。

2.意大利素有小偷多的恶名。所以，请注意把包、照相机等物品置于胸前等安全处。

3.在意大利似乎有这么一条：物以老为贵。所以，古街、古楼、古董……连旅馆也是老而旧（当然住得也舒服）。

4.意大利的宾馆一般不提供牙膏、牙刷、拖鞋，所以一定要自备。

5.意大利有两种矿泉水：带汽的和不带汽的。所以，您在买矿泉水时要注意说明。（带汽的矿泉水叫：Acqua Minerale Gassata，音近似：阿瓜眯来拉来嘎萨达；不带汽的矿泉水叫：Acqua Minerale Liscia，音近似：阿瓜眯来拉来利下阿。）

6.意大利酒吧的座位是要收费的。也就是说，所买的食物站着用和坐着用是两个价钱。请注意了！

7.意大利有付小费的习惯。在意大利餐馆就餐后要付餐款的约5—10%作为小费，一般地，给3000—5000里拉也就差不多了。

8.意大利是个宗教国家，进教堂不可穿短裙、短裤或背心，特别是梵蒂冈的圣彼得教堂，在广场上入教堂的必经之路上有专人负责检视来客的服饰。

9.意大利公厕很少，那怎么解决问题呢？请听好：用过餐后不管急不急，请去解放一下；见到麦当劳，请去光临一下；在商店购物后，请及时解决一下。

10.这可算是一附了：请抄一下意大利常用电话吧！罗马常用电话：(均免费)

宪兵队：112；医疗急救：118；公共急救：113；火警：115；儿童热线：19696；公路抢险：803803。

中国驻意大利使馆

地址：Via Bruxelles，No56，00198Roma 值班室电话：0039-06-8413458

传真：0039-06-85352891 领事部电话：0039-06-8413467

高墙，圆拱门，一方小小的庭院，卵石铺设的地面，红砖墙上斜攀着绿油油的藤蔓，老宅楼上有一座小小的阳台，俯瞰着庭院和院子外的小路。据说那就是朱丽叶与罗密欧“楼台会”的地方。

But, soft! what light through yonder window breaks?

嘘，轻点！那边窗子里亮起来的是什么光？

It is the east, and Juliet is the sun!

那是东方，朱丽叶就是太阳！

阳台下的一方白色大理石上，镌刻着莎士比亚剧中第二幕里罗密欧的几句台词。恋爱中的年轻男子，谁没有“躲到树丛里，跟那多露水的黑夜做伴”，“跳进花园的墙里”，登阳台攀窗子不顾一切去与情人幽会的傻气和勇气呢？她看见他来了，便把准备好的绳子放下来，拉起他的软梯……

幸福的夜啊！

我怕我只是在晚上做了一个梦，

这样美满的事不会是真实的。

院中有一尊朱丽叶青铜塑像。亭亭玉立、深情而又略带哀怨，似乎在期待罗密欧的翩翩来临。铜像上的胸脯已被朝圣者善意的手触摸得闪闪发亮。伸手可及的石墙上刻写着密密麻麻的关于爱的祝福和丘比特的神箭，原本略显破烂的墙壁已然变成了一堵色彩缤纷的“爱情墙”。在那些温情缠绵的话语中，“forever”是最常见的字眼。

造访这一爱情圣地的仪式还包括：同来的恋人们要在“爱墙”上留下两个人的名字，再画一个心型符号，把两个人都装进同一个“心”里；然后，再到朱丽叶的雕像前献上一朵玫瑰，最后再轻轻摸一摸朱丽叶的右乳——据说如此这般，爱情就领受了祝福，爱神朱丽叶也将保佑天下所有的有情人终成眷属，永结同心。

瞻仰过了朱丽叶的阳台，又马不停蹄去找传说中的“罗密欧之家”和“朱丽叶之墓”。

“罗密欧之家”位于绅士广场背后，跟“朱丽叶之家”仅隔两三条街，是中世纪维罗纳一大望族蒙泰基（莎翁剧中的蒙太古）家族的府第，建筑是罗马式与哥特式相结合的样式，由于年久失修，显得十分破败。

“朱丽叶之墓”在城墙外一座修道院内，院落中有一口石井，一座敞开的大理石棺椁静静地置于修道院的地下墓室里，旁边堆放着访墓者奉献的一束束鲜花。传说这是罗密欧与朱丽叶秘密结婚的地方，因而每年都有不少情侣专程从世界各地赶到这里结婚，为的是要像罗密欧与朱丽叶一样誓死捍卫爱情。

故事，一世纪一世纪地传下来了，它是否真实并不重要——爱情成了维罗纳的一种宗教，和一切宗教一样，重要的是心诚。一对殉情者获得了圣徒的地位，他们的倾城之恋成就了自己，也成就了这个城市。

中国人对爱琴海的浪漫幻想也许还停留在爱琴（Athens）谐音的契合上，或者是来源于那个身材妖娆的华裔女星用猫一样的声音唱着“我在，蔚蓝色的爱琴海，回来中古世纪的住宅”。而真正在这片墨蓝色的海洋中荡漾的爱情故事，却是不仅动人心魄并且左右着海岸民族的生与死，繁与荣。其中最为人熟知的就是克娄巴特拉与恺撒、安东尼缠绵悱恻的情爱纠葛，这位至今还玩弄好莱坞人士于股掌之间的“埃及艳后”赢得了罗马历史上最勇猛的两位英雄的心，在她的麾下那个现在已经没落的国度曾是那般的傲慢强大。而为爱人殉情而死的安东尼为了表达自己的倾慕之情，送给克娄巴特拉的定情之物就是爱琴海那片纯净无瑕的海滩，从那时起，这份浪漫到骨子里的情怀就从未从爱琴海的词典中离开。在爱琴海晃一圈，你就会发现这里对爱和浪漫的崇拜远远超过了世界上任何其他的角落。

爱琴海的小岛统称为基克拉泽，一共有上千个大大小小的岛屿在一起凑热闹，这样的数字往往会让初次来访的游客不知从何开始，但是对于情人和爱侣们来说，选择起来就比较容易了。那个既有欧洲都会的时髦迷人气质，又有爱琴海蓝天白屋轻松悠闲的Mykonos绝对是第一站，这个拥有4S小岛之称的Mykonos每年都吸引了来自世界各地的蜜月新人蜂拥至此。秘密就在于4S代表着蜜月中的爱人所梦想的一切：明媚阳光下（Sun），躺在沙滩上（Sand）做个日光浴，浸润在清透的海水（Sea）中与你的另一半相拥裸泳，肆意地享受性爱（Sex）之乐。在Mykonos你可以像亚当、夏娃，一丝不挂地在"伊甸园"漫步，做自己爱做的事情，而不以物欲、外在的种种来衡量生命的意义。值得你思考的只有到底上帝在爱琴海浪费了多少蓝色颜料，才造就了如此纯粹的湛蓝。

AegeanSea

A knowledgeable tourist

地理概况： 希腊共和国位于巴尔干半岛南部，三面临海。面积131990平方公里。海岸线长为15000多公里。

人口： 1035万，98%以上为希腊人，讲希腊语。

宗教： 信奉东正教。少数土耳其人信奉伊斯兰教。

气候： 典型的地中海气候。4、5月份的希腊天气依旧寒冷。

时差： 比北京慢六个小时。

货币： 德拉克马（GKD）。

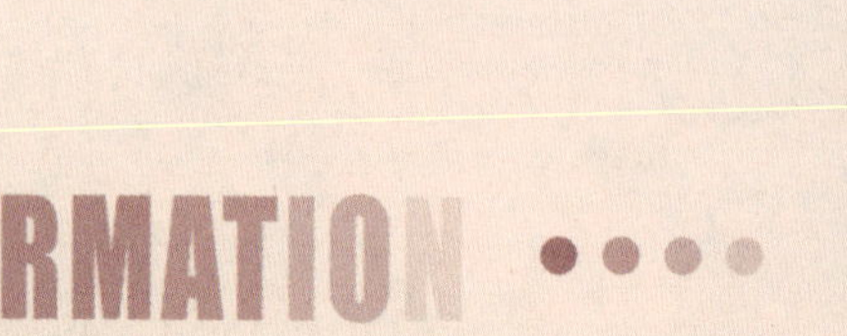

时间： 希腊的旅游时间可从每年的5月延伸到9月甚至10月，其中7月与8月是当地的旅游旺季，因此也是物价最贵的季节。通常9月底后到翌年的4月底，是旅游价格最低的季节，但要注意，由于是淡季，所有的船班、飞机不仅班次减少，各景点的开放时间也会缩短，出发前要先注意时间。这样看来，最好的旅游季节似乎就是5月、6月初或9月，一方面不需要人挤人，还可以省下不少旅费，也提高了度假质量。

防晒： 还有一点，在以上所说合适的季节前往希腊旅行，一定要做好防晒准备，希腊的太阳不只会晒得你头晕眼花，更能在你的肌肤上留下难以磨灭的记忆呢。

从爱琴海向东望，著名的特洛伊城遗址就在不远处。这同样是一个爱情的见证，《荷马史诗》中那个美貌绝伦的“他人妇”海伦可能是“红颜祸水”的外国版最佳代言人，那只迷惑敌人的木马赫然立于景区的入口，让人无限遐想的不仅是当时特洛伊人兴高采烈把木马当成战利品搬进城去的自豪，更有海伦难以形容的优雅气质。翻开希腊的史书你就不难发现，太多厮杀是情欲使之，不知道是不是这片国土上的勇士更多的时候为爱所生，也愿意为爱所去。只知道，爱，可以俘获人心，更可引爆冲撞，这才在今日的爱琴海上留下丝丝络络的“生死相许”的痕迹。

如果你觉得见证一段相守终生的爱情，上述的浪漫中少了一丝庄重，也许帕特农神庙更适合盟约深深、爱意眷眷的伴侣们。在被爱琴海轻轻揽在怀里的雅典拥有世界上公认的比例完美的建筑，卫城规模最大的神庙——帕特农神庙，她是为敬奉城市庇护女神雅典娜而建造的。2500多年以来，这座白色石灰石所建的圣殿，在蓝天艳阳交互辉映下，展露庄严而绮丽的丰姿。传说雅典遭受波斯人侵袭时，因得

到雅典娜的帮助，使雅典得以解围，于是雅典人便在城内的山上建立了伟大的帕特农神庙来纪念她，尽管最终雅典娜的智慧神能没能捍卫她心爱的圣地，但是却可以听到许多来到帕特农神庙许愿爱恋与深情的男男女女的声音，也算是延续了这段亘古美丽的传奇。

凭吊历史、追忆过去也好，追风嬉戏、相拥而乐也罢，总之，来到这里的男女无不带着一颗驿动的心，而离开时，他们则都带走了一段浪漫的情。

多米尼加 Dominican

最养眼的地方 The Beauty Concentration Camp

头发黑又长，眼睛明又亮，笑容清又纯，

泳装火辣辣，晚装雅致致，民族服装俏迷迷。

——媒体对来自多米尼加的“环球小姐”Amelia Vega的赞誉

2003年7月25日，巴拿马城，Figali大会堂，座无虚席。

主持人向进入“环球小姐”竞选的总决赛的五名佳丽抛出了最后一个问题：“你曾经赠与别人最宝贵的礼物是什么？”阿梅利亚·维佳（Amelia Vega）抓住了这个最后的机会，平静且充满骄傲地回答道：“据我祖母说，在她病重的时候我写给她的一封信是我给她最珍贵的礼物。”当维佳说出答案时，能容纳7500人的大礼堂充满了热烈的掌声，桂冠终于找到了主人。

人们在记住这位年仅18岁的“环球”美女的同时，也开始把目光投向她身后的那个盛产美女的国度——多米尼加。

多米尼加像很多靠旅游业为生的国家一样，阳光，沙滩，椰子树，“一样都不能少”！但是多米尼加的风情词典里面多了一个可以令诸多自然景色失去光泽的概念——美女。

虽然多米尼加的人口还不足1000万——难以想像，差不多才是北京人口总数的一半——但却因多米尼加女子那种健康阳光又妩媚动人的身姿而闻名世界。值得一提的是，这种难以企及的美貌如蚌中的

Dominican

A knowledgeable tourist

地理位置：位于加勒比海伊斯帕尼奥拉岛东部。西接海地，南临加勒比海，北濒大西洋，东隔莫纳海峡，同波多黎各相望。

面积：750平方公里。

人口：805万。其中黑白混血种人和印欧混血种人占73%，白人占16%，黑人占11%。

宗教：90%以上居民信奉天主教，其余信奉基督教新教和犹太教。

气候：热带气候，终年温暖。

语言：西班牙语。

货币：披索（Peso）。

INFORMATION

圣多明哥大教堂：建于16世纪，当时的雏形只不过是用椰树叶子搭建起来的小棚子，后来几经修改建成现在所见的哥特式建筑，于1542年启用。

沸湖：位于多米尼加岛南部火山区的山谷中。湖长不过90米，但是又陡又深，离岸不远处，湖水已深达90米。沸湖是由一眼间歇泉形成的，在湖底有一个圆形喷孔，当喷泉停歇时期，湖水因缺乏水量补给而干枯。喷发时则地动山摇、群山轰鸣，热流从湖底涌出，湖面烟雾缭绕，热气腾腾，有时还会形成高达二三米的水柱，冲天而起，蔚为壮观，“沸湖”也由此得名。由于沸湖周围地区长期受含硫气体及其他一些有害气体的影响，动、植物的生长繁殖受到很大影响，大片植被被毁，景色荒凉，所以被称为“荒谷”。

珍珠，是经历了磨难才形成的耀眼的光泽，而这坚硬无情的蚌壳则是多米尼加痛苦的殖民历史。

1492年哥伦布发现新大陆，首先发现的就是现在多米尼加所在的西班牙岛，据说哥伦布的骨灰盒就存放在首都圣多明哥的一所教堂里。随后多米尼加先后被西班牙、英国、法国占领控制。在政治和军事的厮杀中，更多的是不同民族、不同语言之间爱情的开花和结果，拉丁血统的奔放，加勒比海血统的多情，欧洲血统的高雅全部融合在一起，迸发出的是难以言传的美的力量。怪不得无论你闲逛于仕女街中，还是徜徉于圣多明尼加堤上，或是穿梭于椰影白沙里，眼波中绝对少不了养眼的美眉，而且她们拥有的绝对是多米尼加式的自然美，决不化妆。

试想着没有电子邮件，没有公司例会，没有项目报告的一天，停留在多米尼加的某一个海滩边，远处走来的那个倩影也许就是下一个“环球小姐”也说不定呢！

不论是蓝的海还是白的沙，不论是蓝的天还是绿的树，不论你是在海底观鱼还是做SPA，不论你是帆船逐波海上还是在油轮上观看日落，明艳，是多米尼加永恒的色彩。

卡萨布兰卡 Casablanca

黑白片的时代一去不回，留下伤感的故事和旋律，还有永远的卡萨布兰卡。阿拉伯人的神秘极端与西方人的纵情享受，在卡萨布兰卡融合得出奇完美，正如向牛奶里兑红茶。走过喧闹拥挤的街道，周围的纷纷扰扰无法淹没心里执着与伤感的声音。

更多的人知道卡萨布兰卡，是因为好莱坞那部经典的同名影片。那个关于爱情、关于牺牲的故事，在世界各地已经感动了几代人，流传了几十年。很难想像一段战乱中的三角恋情，能被演绎得那么荡气回肠、可歌可泣，也很难想像，一部电影能赋予人们对一个城市那么深刻的印象，而且还那么长久。然而事实就是这样，从那时起，人们记住了鲍嘉和褒曼，记住了那个动人的爱情故事，也永远地记住了伤感的卡萨布兰卡。

事实上，除了内容所指的地点，那部电影跟卡萨布兰卡毫不相干。那里面没有这座城市的一个演员、一个镜头，甚至当地人对这部本该令他们骄傲的影片也所知甚少。60多年过去，卡萨布兰卡更褪去了许多殖民地时代的色彩，发生了巨大的变化。但是，这些并不妨碍人们对她的痴迷和向往，不妨碍她依然是人们心中那永远的卡萨布兰卡。每年都会有很多人从世界各地来到这里，追寻那份久远的别情，感受这里独特的薄荷茶香，重温那只属于心灵的故事。

Casablanca

A knowledgeable tourist

地理概况：又名达尔贝达，是摩洛哥最大港市，西临大西洋，东北距首都拉巴特88公里。行政建制为16大区之一，下辖9个省。

城市历史：据记载，公元7世纪，这里是罗马古城安法，意为“高地”。安法古城于1438年被葡萄牙殖民者肆意破坏。公元15世纪下半叶，葡萄牙殖民者占领这里，更名为卡萨布兰卡。18世纪中叶，摩洛哥国王西迪·穆罕默德·阿卜达拉赫下令在原安法古城的旧址上兴建一座新的城市，定名为达尔贝达。在阿拉伯语里，“达尔贝达”意为“白色的房子”。但在民间，一直还习惯地称之为卡萨布兰卡。

面积：市区和郊区总面积1650平方公里。

气候：四季温暖，平均温度在12℃至25℃之间，早晚温差大。

人口：350万。

食宿：旅馆、餐饮设施齐全。现有五星以上饭店4家，四星级饭店12家。

INFORMATION

哈桑二世清真寺：位于卡萨市区西北部，坐落在伊斯兰世界最西端。1987年8月动工修建，耗资5亿多美元，占地面积9公顷，其中三分之一面积建在海上，以纪念摩洛哥的阿拉伯人祖先自海上而来。整个清真寺可同时容纳10万人祈祷，是世界第三大清真寺，排在沙特阿拉伯的麦加和麦地那清真寺之后。

此外还有穆罕默德五世广场、联合国广场、阿盟公园和迈阿密海滩等景点。

特别提示：

1.摩洛哥为回教国家，应注意回教禁忌。

2.需提前一周申请签证。

卡萨布兰卡 Casablanca

很多东西能在自然中磨损，却不会被心灵忘记。当人们怀着深情走上卡萨布兰卡的街头，似乎就总能听到空气里飘荡着影片主题曲那幽怨、哀婉的旋律。不论是多么晴朗的天气，不论眼前是雄伟的哈桑二世清真寺，还是宽阔的联合国广场，这里仿佛都流淌着一种伤感的情绪，给人一种凄艳的美感。也许，卡萨布兰卡注定要成为一座悲情城市，供人们来排遣忧郁，挥洒惆怅。

命运多舛，人生无奈。世上总有那么多的两难选择，总有那么多的身不由己，也总有那么多的错误需要结束，需要新的开始。于是，笑容易逝，叹息永存；于是，欢聚苦短，分手良多。既然分手不可避免，何不让离别成为一种美丽的遗憾？既然分手注定要有一个情节，那么，就只应该发生在卡萨布兰卡了。

这里的确可以构思出很多情节：在海边白色的沙滩上，两行逐渐疏远的脚印；长长的棕榈树树阴下，不再回头的背影；喧嚣的路边咖啡座上，相视而坐，尴尬而漫长的沉默；麦地那老街市拥挤的人[illegible]被淹没的面孔……

这里起码不缺乏说分手的场景，不管是否有足够的理由。

里斯本 Lisbon

一条怀旧的船

An Old-day Boat

一条名叫怀旧的船

船里摇的都是情人的眼泪

——16世纪葡萄牙著名诗人路易斯

他们说葡萄牙是欧洲一条古老的三桅帆船，而里斯本是一扇富于魔力的舷窗，无论是谁，来到这里之后都会与大海相爱，并投向它的怀抱。达伽玛、澳维士、麦哲伦、哥伦布，每一个都从这里扬帆出海。虽然并非每个人都能平安地回来，但他们的名字与脸，已经被雕刻在里斯本的码头，永远守候一段蔚蓝而遥远的岁月。

16世纪，葡萄牙著名诗人路易斯在他的诗中写道："里斯本位于大陆结束的终点和大海的起点。"如今，站在这个昔日的起点与终点上，犹如时空倒转，身后是急速退去的后工业时代，而中世纪却在夕阳金色的光辉中醒来，画卷一般，呼啦一声在面前铺展开，一路绵延出去。

彭巴侯爵广场旁，是里斯本新旧城区的交汇处。一直向南，走上自由大道，穿过繁复的凯旋门，便是被叫做阿尔法玛的老城区。

在摩尔人统治的鼎盛时期，阿尔法玛曾是贵族的住宅区，1755年里斯本大地震中被夷为平地后，繁华落尽，成为贫民区。然而，这里却是最"里斯本"的地方，就像古老酒吧里的女侍，身上带着油腻的油烟与呛人的酒气，却又甜蜜和泼辣得让人移不开眼光。

拜萨步行街西面，有座铁塔圣朱斯塔升降机，也许因为它与巴黎埃菲尔铁塔同出于一个设计师，100多年了，仍是由这古老的家什负责将人们从步行街送上高地区，站在里面，咯吱吱的，有生铁的味道，冰冷，沉实，缓慢，仿佛等门一开，眼前便会出现宫廷乐手，飞舞的丝绸裙裾，数不清的黄金装饰晃得人睁不开眼——那是百年前浮华的年代。然而升降机高地区的出口是1755年被大地震震掉了屋顶的卡尔摩修道院，一座浮华的废墟。

这个平地飞金的城市，因为航海、贸易与黑奴，财富像风吹来的沙一样堆积；然而转瞬之间，又如沙砾一样被风吹去。那锦缎的长绸裙，蕾丝的黑发网，黄金的马鞍与首饰，宫殿里水晶的吊灯，银质的精美烛台……一切的一切，都只能存在于里斯本人的记忆，像传说一样一代一代流传下去。对于那段流金岁月的缅怀，让人们对每一件旧物都给予了超乎寻常的热忱，也就留下了一座斑斓而古老的城。

街两旁林立的是楼层不高的老建筑，有着粗犷又流畅的花式门窗，现在它们是写字楼、咖啡馆、书店与商店，窗口或者门口，常有晒太阳的猫或打瞌睡的狗，神情比人还自如；一座又一座古旧的广场断断续续地一直绵延到泰约河边，犹如被岁月散乱遗落的便笺；修道院的废墟成了博物馆；曼努埃尔式大教堂里躺着达伽玛，他的石棺上还刻着当年航海的标记；圣

Lisbon

A knowledgeable tourist

城市历史： 史前时代就有人类定居。里斯本先是希腊的贸易站，后成为古罗马的市镇。中世纪初期，又先后被西哥特人和摩尔人侵占。自公元1245年起，里斯本成为葡萄牙王国的首都和贸易中心后，城市规模逐渐扩大。1755年，里斯本地区发生了一场大地震，城市遭到严重破坏，有2/3的房屋倒塌，6万人丧生。今天的里斯本，是在地震后的废墟上重新建立起来的。

地理位置： 位于该国西部，城北为辛特拉山，城南临塔古斯河，距离大西洋不到12公里，是欧洲大陆最西端的城市。

面积： 82平方公里。

人口： 53.5万。

气候： 受大西洋暖流影响，气候良好，冬不结冰，夏不炎热。全年大部分时间风和日丽，温暖如春，舒适宜人。

INFORMATION

贝伦塔： 位于大西洋岸边，建于16世纪初期，涨潮时，似浮在水面上，景色动人。

热罗尼莫斯修道院： 是流行于16世纪初期的曼努埃尔式建筑的典型，气魄宏伟，雕刻华丽。院内有全国知名人士的墓地，葡萄牙航海家达伽马和著名诗人卡摩安兹就长眠于此。

亨利纪念碑： 是一艘石刻的大帆船（亨利在15世纪对葡萄牙航海事业做出了重大贡献），亨利像屹立在船头，四周站立着协助亨利的船长、地理学家、数学家、木工等人物雕像。

马车博物馆： 位于西区阿奉索·阿尔布盖尔盖广场，陈列着16至19世纪以来的葡皇室贵族专用马车共48辆及其他一大批骑士制服、马具等。里面还珍藏着1619年西班牙国王腓里普二世访葡时所乘用的木轮车，还有18世纪初里斯本红衣大主教的专用马车。

乔治城堡爬满了黄绿相间的藤蔓，里斯本人会告诉你，这个建于公元5世纪的城堡里曾经住着他们的国王和王后，宫廷舞会的竖琴声会从布满花纹的窗里传出来。

走上城堡的天台，俯瞰脚下的城市，往日的气息像潮水一样涌来：橙红色瓦顶此起彼伏地从脚下一直延至天边，哪怕是新盖的楼房也一定要像那些古老的建筑一样盖上橙红色的屋顶；纵横交错的大街小巷，满眼各式古色古香的建筑，玻璃幕墙的宾馆与银行倒成了顶顶希罕的玩意儿。

每到中午时分，阿尔法玛的空气中就弥漫起浓烈的烤鱼香味。当然，还要加上考究的各式葡萄酒，当地人相信，葡萄酒是大地和太阳的儿子，它振奋我们的精神，启发我们的智慧。老城里的道路几乎全由碎石铺就，无数条随着地势而起伏的"台阶路"经常让外来游客迷路。街边的小铺子里还是百十年前的格局，没有像样的货架，海鲜、干货、奶酪、酒瓶，统统堆在地上，散发各自的气息，提示我们那久违了的，凌乱且慵懒的生活。

这里的建筑几乎都贴着彩色或白底蓝花图案的马赛克，在太阳下闪着迷幻又古旧的光辉。街两边窗口的晾衣绳上挂满了五彩缤纷的衣物，像万国旗。一年四季，居民们都把养得鲜鲜亮亮的花放在窗台上，因此，无论何时，古老的街区都充满着热热闹闹的生气。母亲们常打开自家窗户叫小孩回家吃饭，而人们大多喜欢一个在里一个在外，不急不忙地说话聊天。当夜幕降临，整座城市显得格外苍凉。有着上百年历史的有轨电车顺着窄窄的街道，在起伏的山路上缓缓地爬上爬下，发出的"咣当咣当"的响声，百十年来从未更改，在街角挥挥手，便可以搭上一程。在这里，过了一天就如同过了一百年；而过了一百年，恐怕也和一天差不多。

坐在老城区安静的山坡上，看泰约河上的点点渔火，晚风带来"法朵"伤感的调子。这种由吉他伴奏的当地著名音乐，19世纪起便开始在里斯本的老城区流行，多是描写背井离乡的苦楚和生活中的感伤。有人说"法朵"最初的创作者是水手或者贩卖到此的黑奴，也有人说它是16世纪"十字军东征"时远行士兵所做的曲子，真相如今已无从查考，但它无疑比悠扬的风琴更能体现葡萄牙人的性情，那骨子里的，与生俱来的忧郁。

恍然间，身心都悠悠地荡漾起来，仿佛坐在一条古老的帆船上，一个又一个时代潮水般从身边涌过，而一点点无伤大雅的伤感就这样自自然然散入晚风，弥漫全城。

波多黎各
Puerto Rico

孤独的角落
The Lonely Corner

孤独的人是可耻的。在孤独中前行的人是光荣的。

——张楚

孤独的人是可耻的。孤独地等待爱情的人除外，因为满怀憧憬与梦幻的人，无论如何都是美丽的。

美丽的人需要美丽的去处，也许，就在某个遥远而梦幻的所在，某段恋情将有一段最完美的序幕。

为何不试试波多黎各？这个南美洲的小小国家，由一连串错落的小岛组合而成，个个四季如春，花草丰茂，像上帝撒下的珠链，稍一转动就能看到天堂的光彩。主岛波多黎各，仅有8959平方公里，是地图上小小的一点，却犹如一处放大了的盆景，岛上多山地和丘陵，围绕着北山的沿海是低地平原，虽然有许多天然森林被砍掉改做耕地，但所幸的是东北部著名的云盖雨林被保护成国家公园。

岛上承载的南美风情浓得化不开——炽热，直接，浓重，生气勃勃。北面的大西洋与南面的加勒比海为它们带来了丰沛的降雨与凉爽的空气，这与热带特有的阳光一起，催生出一批又一批浓密的雨林与形形色色的动物。这里有世界上著名的云盖雨林，走进去浓浓的水汽便将人包围，高大的林木将天空遮掩得只剩下疏疏朗朗的几条线，每一种植物的叶子都浓绿得似乎要滴下水来；而花朵与其他地方的比起来都特别大，特别泼辣，亮紫、大红、明黄、橙——全部是耀眼的颜色，像阳光与海水一样纯粹，不掺杂一点灰，看了就叫人欢欣鼓舞。小小的动物常在眼前倏地蹿上树梢，而林木的茂盛也常常遮挡了鸟儿们的身影，让人们只听见远远近近的鸣叫。一派勃勃的生机将人的心情装得满满的，哪怕是一个人在林中穿行，孤独与忧伤也没有立足之地。

PuertoRico

A knowledgeable tourist

地理概况：位于加勒比海大安的列斯群岛东部，北临大西洋，南濒加勒比海，东与美属、英属维尔京群岛隔水相望，西隔莫纳海峡同多米尼加共和国为邻。科地勒拉山穿过境内，东西长约100英里，南北宽约35英里，首都为圣胡安。城市历史：哥伦布在1493年初次望见波多黎各时，居住在这里的是泰诺印第安人，惟一打扰他们生活的是邻近的加勒比人不时的侵袭。西班牙人在16世纪展开殖民以传播福音并搜刮黄金时，也和加勒比人作战，并与想掌控这个战略要地的法国人和英国人战斗。1898年波多黎各在西美战争后的协议中被割让给美国。1917年波岛人民取得美国公民资格，1952年波岛成为自治邦迄今。

面积：8900平方公里。

人口：3858000。

语言：英语、西班牙语。

货币：美元。

气候：属热带雨林气候，雨量充足。

Take my tips
不可不看

INFORMATION ••••

阿雷西沃天文台：人们能从大型喷气式客机上看到它，但在地面上，它几乎完全处于隐蔽之中，因为它整个藏在一个称为灰岩坑的地下坑内。这座天文台建于20世纪60年代初，拥有世界上最大的射电望远镜。它的无线电球面反射镜直径达305米，是用将近4万个钻孔的铝质薄板制成的。射电望远镜十分灵敏，它能够探测到距离达1300万光年处的天体。也许某一天能接收到来自另一个生命源地的信息。

其他景点： **蓬塞艺术博物馆** **圣胡安老城** **圣胡安大教堂** **云盖雨林** **16—17世纪家庭博物馆**

与南美洲其他国家一样，波多黎各的原住民是印第安人，1493年，当哥伦布第二次去美洲大陆，与这一连串小岛不期而遇，从此，这个曾经的世外桃源才被所谓"文明世界"的人们所理解，不久之后，也就是1509年，它沦为西班牙殖民地。大约半个世纪的时间，当地人建立了波多黎各共和国，但这个国家却一直作为美国的一个联邦而存在。历史一段一段地沉积，这让岛上的生活也风情万种起来，犹如沉积岩一般斑斓。

首都圣胡安完好地保存着老城区，一路走去，蓬塞艺术博物馆、圣胡安老城、圣胡安大教堂、16—17世纪家庭博物馆各有各的妙处，值得漫无目的走走停停地看。狭窄的石面街道，厚重的石头墙壁，高耸的尖顶，分明是西班牙人的印记；五花八门的广告牌，巨型的可口可乐标志，以及偶尔擦肩而过的美国军人，又带来浓厚的现代气息；小酒馆与咖啡店里传出的是热辣辣的拉丁子，橱窗里陈列着的却是粗犷的皮革、首饰与木雕，形状乖张，用色大胆，想来该是印第安祖先的风格。而满眼高大的棕榈，大簇大簇色泽艳丽的花朵，又在不断提示：这是在热带的海岛。时间与空间的纵横交错赋予波多黎各某种迷幻的色彩，仿佛一个巨大而斑斓的旋涡，吸引得人们沉进来便无法离开。

这里人们的性格也像热带的天气一样火辣，推崇及时行乐。海滩上的一家酒店，每年七八月间，逢周三、五和六都要举行疯狂的迎新PARTY（Check-in Party）。从黄昏6点直到晚上12点，男男女女尽可开怀痛饮，在云鬓飘香，衣袂飘扬做些无伤大雅的调情游戏——这当然是只属于孤独人们的乐趣。据活动的发起人讲，因为自己有过没有机会结识隔壁美女的惨痛经历，因此特地在这个美丽的岛国为各位单身游客提供艳遇机会。

如果不喜欢这样刻意的邂逅，倒不如一个人去海滩走走。在波多黎各，最不稀奇的就是海滩，澄澈、透明的淡蓝色海洋像雅典娜美丽的眼睛，大大小小的无名海滩多如繁星，没有游人的喧扰，浑然天成、自由自在，就像推开家门就能走进的后花园。干脆支张吊床，在蓝天碧水间听海风长吟，享受阳光、花朵、自由的心情、温暖而暧昧的空气，心情像一个回到故乡的游子，以最温柔的呼吸期待爱情的开始。

被时间忘却的古城

The City Forgeted By Time

——卡迦玛瓜拉Cajamarquilla

卡迦玛瓜拉，众多印第安人遗址中另一个被时间忘却的古城。美国探险家

人建造的城市。远离人类的净土

The Last Pure Land——谭波帕塔Tambopata

谭波帕塔最让人觉得神往的就是它独有的三种生态环境，即安第斯山脉丘陵地、

沉宝之谜 Where Is The Treasure—托普利兹深水湖Topeleeds

这是一个令世界寻宝探险家们疯狂着魔的地方，这里有一个让全世界犹太人梦

冒险天堂 Heaven For Explorers——不丹Bhutan

“去不丹畅游山区王国的古代村落”是与“去莫斯科郊外的星际城市太空人训

上帝的天堂小镇 Heaven For Angel And Their Master

——塔希提岛Tahitian这样的小天堂独处一隅，仿佛拒人于千里

大家抢来抢去的还都是这个风光无限好的宝地。

最诡丽的地下铁 The Magnificent Subway——莫斯科地铁

很多时候是源自于某些荒谬的想法。就像埃及法老为了无聊的身后事筑起了金字

中国皇帝由于懦弱而建造了长城，莫斯科地铁的建设，也不乏这类底蕴。

远古的气息 Ancient Amour

没到过印加帝国的遗迹，你绝对体会不出人类在时间长河中是何等的渺小。

没到过亚马逊，你绝无法了解那种感受，原始的未被任何人类行为干涉过的粗犷是如此地打动我们的心灵。

神秘篇

卡迦玛瓜拉 Cajamarquilla

被时间忘却的古城 The City Forgeted By Time

人类假如想要看到自己的渺小，
无需仰望繁星闪烁的苍穹，
只要看一看在我们之前就存在过、繁荣过，
而且已经灭亡了的古代文化就足够了。

——（德）西拉姆

即使已经踏遍万水千山，你也不能错过卡迦玛瓜拉。这个深藏在秘鲁丛林中的遗址，不仅有南美雨林的独特景致，曾经上演的兴衰更替的无常更为它蒙上了神秘的面纱。

秘鲁雨林的神秘，以印加文明为代表。苍苍莽莽的安第斯山脉，奔流不息的亚马逊河，构成了这块大陆的主动脉，神秘的文化与茂密的丛林结合在一起，开出了绚烂的文明之花，成为南美大陆曾经辉煌灿烂的见证。印加文明，与阿兹克特文明、玛雅文明一道，笼罩在雨林的瘴气迷雾中，扑朔迷离。这个建于公元 11 世纪的帝国，势力曾经遍布安第斯高原。

在帝国的首都库斯科，巨大的太阳神庙金碧辉煌，石头的道路一直延伸到丛林深处。环型广场的四周，是青青的农田，遍种玉米和土豆，直到今天，它们依然是印加人最钟情的食物。印加人自称〞太阳

之子”，他们用不朽的建筑，来表达对太阳的崇拜，所以，留到今天的石砌神庙庄严依然，石与石之间，连剃刀也无法插入，高超的工艺让现代建筑相形见绌。巍峨的金字塔上，活人祭祀的仪式令人颤栗。

黄金国度的富庶，引来了野心家的觊觎。16世纪与西班牙人的不期而遇，让“太阳之子”的帝国时代至此终结。坐落在山顶的马丘比丘，在几个世纪的岁月里一直与蔓草做伴，空余残垣断壁，诉说着它当时的兴盛。

时间的长河中，辉煌的帝国，也只是匆匆过客。而植物繁茂的雨林，隐蔽的不只是印加帝国的身影。沿着隐约的轮廓寻踪，卡迦玛瓜拉便出现在眼前。

卡迦玛瓜拉，众多印第安人遗址中另一个被时间忘却的古城。美国探险家吉恩·萨伏依坚信，卡迦玛瓜拉就是Cajamarquilla，一个传说中由查查波亚斯人建造的城市。

Cajamarquilla

A knowledgeable tourist

地理概况：秘鲁共和国位于南美洲西部。西濒太平洋。

面积：1285216平方公里。海岸线长为2254公里。

人口：约2333万，印第安人占41%，印欧混血种人占36%，白种人占19%，华侨约3万人。

宗教与语言：居民多信天主教。西班牙语为官方语言。山区印第安人通用克丘亚语和阿伊马拉语。

特色：除了颜色鲜艳的布料，当然少不了石头手工艺品，石风铃是不错的选择。

特别提示：华人在当地被亲切的昵称为——“拜姗诺”（PAISANO，西语为老乡、同乡之意）。“吃饭”（CHIFA）在秘鲁是特有的中餐馆代名词。所以，别愁吃不惯当地食物，中国餐馆到处有，炒饭、炒面、云吞任你点。

INFORMATION

利马：秘鲁首都，全国政治、经济、文化和交通中心。秘鲁黄金博物馆里，收藏着6500多件印加时代的黄金工艺品，它标志着已经相当发达的印加文化。国立人类考古学博物馆，收藏着印加时代之前的石器、土器及木乃伊等。集中反映了“前印加文化”的成就。天野博物馆则收藏着印加时期的纺织品及陶器等等。利马与卡亚俄港之间沿阿根廷大街和贝纳维茨大街两侧为工业区，圣马丁广场则是商业区。西班牙人带来的地中海文明，与当地的原生文明，两种文化以一种并不平等的方式融合在一起。

库斯科：位于首都利马东南1168公里的秘鲁南部，它曾是印加帝国的政治、文化、经济和宗教中心，也是印加文化的发源地。

马丘比丘：这座失落之城在雨林中沉寂了几个世纪。由于印加文化里没有文字，历史全凭口述流传，根本没有任何记载。有人猜测，当时印加人不愿让城堡被西班牙人占领，个个守口如瓶，以致失传。况且城堡建于陡峭狭窄的山脊，又被四周的崇山峻岭包围遮盖住，因此也没被西班牙人发现。

纳斯卡和潘帕斯·德·茹马的地线和图式：位于首都利马以南400公里的干旱平原上。纳斯卡和潘帕斯·德·茹马的岩画有450平方公里。这些线条画于公元前500年到公元500年之间，它们的数量、形状、大小和连续性都是考古学上最深奥莫测的谜。一些岩画描绘了真实的动物、植物以及想像的人物，还有几公里长的几何图形，据猜测它们有与天文有关的祭祀功能。

查查波亚斯王国曾经非常强盛，在秘鲁雨林深处建立了许多古城，王国的首都则设在Gran Vilaya。这是一支身材高大、有着白皙皮肤的战士民族，崇尚征战和习武。这里的文明一度发展到顶峰，但在15世纪时，这些性格刚烈的武士被印加帝国所击败。因为善于战斗，许多查查波亚斯人在印加人手底下担任类似警戒的工作。

查查波亚斯人起源于何处？他们的王国是因为在和印加人的征伐中失利而彻底衰败的吗？所有疑问的答案已经不得而知。正如玛雅人突然遗弃了他们的城市，关于这个王国的突然兴起和消失，同样没有留下任何记载。查查波亚斯王国，以及后来的印加帝国，都没有使用文字。关于他们的所有信息，都是通过被青苔和藤蔓包围的遗址获得的设想和推测。

面积有25平方英里的遗址上，平整的梯田、整饬的道路、经过装饰的石建筑，依稀还留有查查波亚斯人生活农作的身影。遍布苔痕的面部石雕，紧闭双唇，洞张双眼，像在守着一个重大的秘密。这些相貌奇特的石雕，是查查波亚斯人的写实主义杰作，还是他们天马行空的想像的成果？狰狞或悲悯的表情到底为何而来，查查波亚斯人是石雕的建造者吗？而这片迷蒙的雨林中，到底还有多少未知的族落烟雾一般消隐？疑问没有尽头。在卡迦玛瓜拉，你能体会到时间的洪流中，人类的渺小。

众神之王始终没有归来，强盛一时的帝国和骁勇的武士却已经消失在丛林中。辉煌与膜拜，无法阻挡时间的洪流。卡迦玛瓜拉，浴血的呐喊和激昂的战鼓远去后，雄霸的帝国，如今只余下精致的残骸，隐伏在秘鲁茂密的雨林中，引来后世的惊叹与猜想无数。

谭波帕塔
Tambopata

远离人类的净土
The Last Pure Land

“边缘”并非世界结束的地方——而正是世界阐明自己的地方。

——布罗茨基

听说过谭波帕塔的人很多，能够说出它的具体位置的人很少。这里是印第安人黄金珠宝的埋藏地，是亚马逊河的源头，也许还和那已经消失的亚特兰蒂斯有关。

总之，茂密的丛林中，埋藏着无数的秘密。依照我们人类固有的行为方式，蕴含着无尽的诱惑的这块地方早就应当被所谓的现代文明大举入侵了，可是现在这里却仅仅被它的拥有者秘鲁划定为"野生动物保育区"，说直白些就是：那根本就不是人待的地方！原因何在？

秘鲁位于南美洲的西北部，被高达 6788 米的安第斯山脉利刃般从北向南由中部划开。西部地区虽被沙漠占据了九分之一的面积，但由于安第斯山流下的雪水的灌溉，这片海岸平原成了秘鲁人文荟萃之处。长达 1500 海里的海岸线更使西部地区成了秘鲁的工业集中点。

中部完全被安第斯山脉所占据，这里山势雄伟，悬崖如刀削，峭壁多断层，只有习惯探索和历险的印第安人才乐于居住此地。避开纷纷世上烦扰的他们通过农耕和畜牧创建出朴实神秘的印加文化。

Tambopata

A knowledgeable tourist

地理概况：秘鲁位于南美洲西部，北与厄瓜多尔和哥伦比亚接壤，东同巴西和玻利维亚毗连，南与智利交界，西濒大西洋。海岸线长2254公里。谭波帕塔位于秘鲁安第斯山脉东部。

国家历史：古代境内居住着印第安人。公元11世纪，印第安人以库斯科城为首府，在高原地区建立了“印加帝国”。1531年沦为西班牙殖民地。1535年建立利马城，1544年成立秘鲁总督区，成为西班牙在南美殖民统治的中心。1821年7月28日宣布独立，建立秘鲁共和国。

INFORMATION

的的喀喀湖：面积约8800平方公里，是南美洲最大的淡水湖。它坐落在玻利维亚和秘鲁之间国界的两侧，长195公里，最宽处达100公里。它也是世界上最高的通航湖泊，湖面海拔为3810米。

民风民俗：山区印第安人决不坐在山坡上，因为他们敬畏生长在山坡上的苔藓。每当经过湖边时，他们总是发出喊声、叫声，因为他们深信有受到巫术催眠的龙伏在湖底，有意发出声音，目的在于借此破解巫术。他们又常在墙上放置头盖骨“示警”，又相信红线可避免妖魔缠身，大蒜可防邪恶等等。这种物神崇拜都是用神秘信仰保护自己的种种方法。

在库斯科以东约80公里的冰山上（海拔4800米）相传耶酥曾于1780年在这里的一块岩石上显过圣。于是印第安人就把它奉为“圣石”，并在这里设祭坛，建圣祠和圣陵，岁岁朝拜。朝拜活动在复活节后约9个星期的基督圣体节举行，历时数日。

印第安人中乌罗人是世界上原始的民族之一。他们生活在的的喀喀湖畔的香蒲之中。他们居住在用香蒲堆起的数十个“漂浮岛”上，每个“岛”上住有4—5户人家。每户又用香蒲草盖起茅屋，屋顶呈圆锥状，远远望去，酷似蘑菇一般。除此之外，香蒲还是他们的重要食品之一。乌罗妇女也用香蒲编织各种日用品及手工艺品，这就是“香蒲文明”。

山脉的东部终年炎热潮湿，茂密的原始森林完全覆盖了这片占了秘鲁40%的土地。虽然此地盛产香料、咖啡和可可等现代文明所需物品，但又有谁能解决横跨群山的交通问题呢？而且，此处在同一阶段内，低可至9℃，高可至30℃的温差跨度，更是使得人类望而却步。

谭波帕塔，这片被称为世界上最重要的野生动物保护区之一的密林，正是位于东部地区。因为人口稀少，开发程度极低，这里得以保存了它的原始风貌和丰富的生态资源。得天独厚的地理环境使谭波帕塔拥有三种生态环境，即安第斯山脉丘陵地、干雨林区和彭巴草原。同时具有雨林、草原和丘陵的地貌，也难怪在这里，生活着无数种鸟类、哺乳类以及丛林动物了。

如果你想游历这片最远离人类的土地，首先要确定自己有独自面对寂寞的本领。丛林中的日出和夕阳固然值得期待，但当你乘独木舟沿河道漂流也好，在丛林密树之间穿行也罢，你见到的都是那些“不解风情”的怪鸟与怪兽，它们是断然不会与你拉家常的。

另外，衣着方面需特别注意，帽子、长衫、保暖防风外罩、长裤和轻便的雨衣都是必备的。能保护双脚的运动鞋、避免蚊虫叮咬的防蚊油、夜间活动的手电筒也是必需品。如果你不想让野兽对你感到厌烦，最好敬而远之，准备个高倍望远镜远远地观察会安全些。除了以上这些最重要的装备，个人的随身物品越简单越好。毕竟你并不打算长时间地远离人类吧。

托普利兹深水湖 Topeleeds

沉宝之谜 Where Is The Treasure

“不管怎样，肯定有纳粹神秘的黄金之说！”

——《萨尔茨堡消息报》2000年7月5日头条

在奥地利萨尔茨堡东南60公里的巴特奥塞附近，有一个被称为施蒂里亚州“黑珍珠”的湖泊——托普利兹湖。远远望去，仿佛被阿尔卑斯这座“男人山”紧紧地环抱在白色怀中。这座在当地很不起眼的小水库，原本是个盐矿，长约2000米，宽不到400米，却很深，最深达103米。除了天然的风光秀美，气候宜人，真正让其声名远播的却是水底隐藏的“昂贵的秘密”。

传言，在第二次世界大战结束前的最后几天，也就是1945年4月，居住在托普利兹深水湖附近的居民们惊讶地发现，全副武装的纳粹德国党卫军封锁了托湖附近所有的交通要道，然后把一箱又一箱的神秘东西沉入托普利兹湖中。有知情者说，那些成箱的东西是纳粹德国从欧洲各国掠夺来的黄金珠宝、文物宝藏和绝密文件等无价之宝！从那以后，托普利兹湖底沉着纳粹宝藏和秘密的传闻不胫而走，一批又一批好奇的观光客和寻宝者来到这里探寻不同的宝藏。

在这半个世纪里，人们在托普利兹湖里发现过以下的财产：50箱黄金、一本珍贵的集邮册、50公斤金首饰、5枚珍贵的钻戒、从匈牙利犹太人手中掠夺走的艺术品、22箱珠宝、20箱金币和3箱沙皇时代的金条！这里一下子成了世界上拥有最美风景的宝藏！

正因为有了这些真实的故事，加上神秘的历史传说，世界各地的寻宝探险家们才不惜冒着生命危险一次又一次地潜入托普利兹深水湖中，许多人甚至因此丢了性命。托普利兹湖一年中有6个月处于冰冻状态，适合探宝的时间非常宝贵。其次是托普利兹湖宽为250米，长1.8公里，水深达103米，三面悬崖绝壁，另一面等于没有湖岸，直接就是上百米深的湖水，所以寻宝探秘活动只能在船上进行。更奇怪的是，托普利兹深水湖湖面20米以下居然没有氧气，这意味着托普利兹湖在这个深度以下没有任何的生命，同时还意味着沉入湖里的一切都能完好无损地保留着原样，其中包括许多倒进湖里的大树，这就加大了湖底搜索工作的难度。在二战结束后的半个世纪期间，先后有5名探宝的潜水员丧生湖水中。然而，这还只是官方正式记录在案的死亡人数，相信没有备案的探宝死亡人数远比这个数字高得多。

当人们“胆战心惊”地把目光齐刷刷地投向湖底深处的时候，周围如画的景色反而成了陪衬。其实，托普利兹湖的地理位置极佳，周围绿林围绕，空气清新，抬头就可以看见日光下闪闪发光的阿尔卑斯山，想像着悬崖峭壁上的缝隙中顽强生存的雪绒花。由于远离市区显得格外的宁静悠闲，甚至很多小动物都可以和人和平相处，一派其乐融融的景象。很多小型的度假村便落户于此，且生意十分的兴旺。

怪不得当地的奥地利人从来不把这个“天然的摇钱树”当回事！你如果向他们问起这座恐怖的宝库，十之八九，自豪的奥地利朋友会反问你：“奥地利有莫扎特，有舒伯特，有茨威格，有弗洛伊德，有卡夫卡，他们才是我们真正的珍宝，老盯着个破水坑干吗？！”

也是，谁知道呢？嗨，都是宝贝惹的祸！

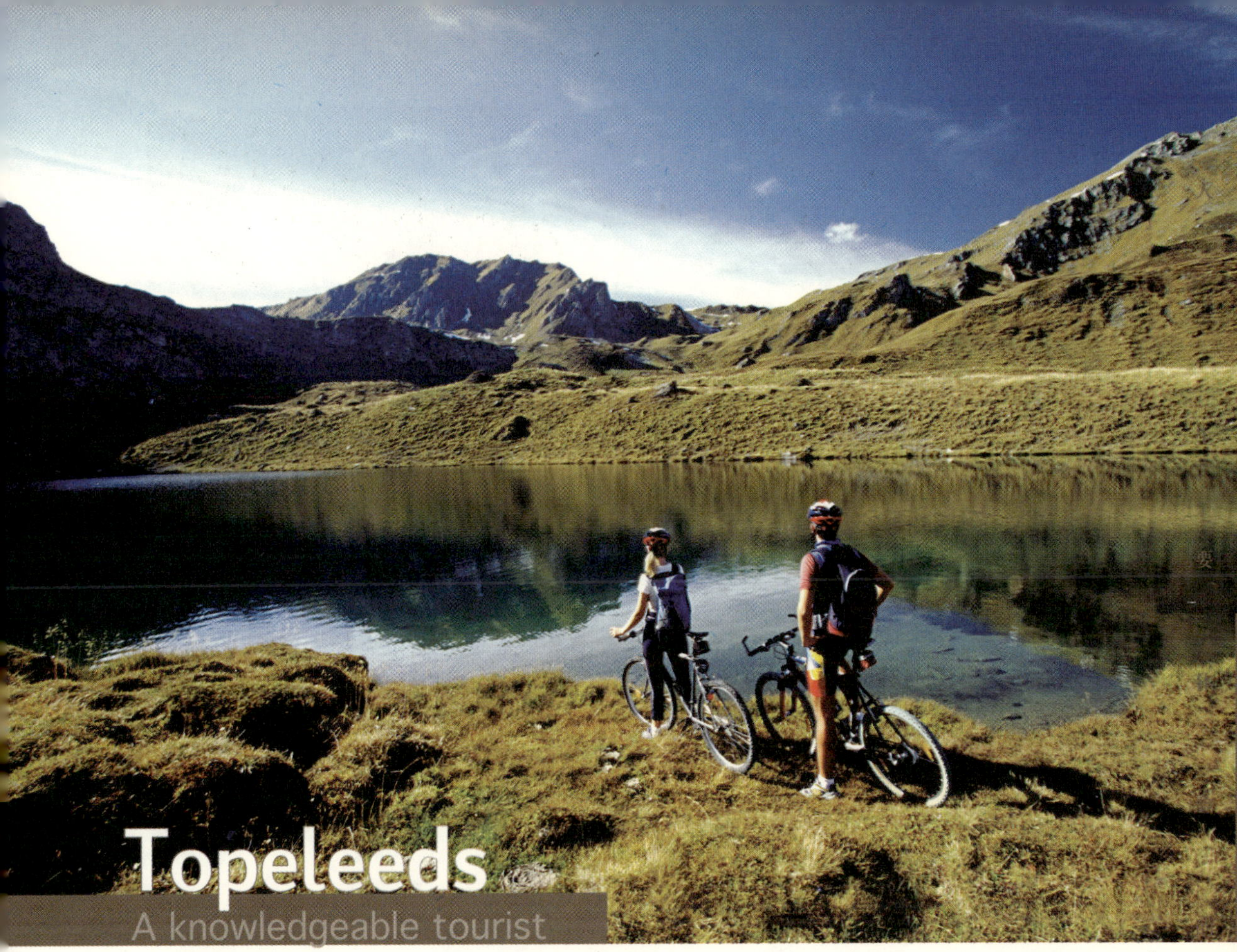
Topeleeds
A knowledgeable tourist

地理概况： 奥地利，面积为83858平方公里，是位于中欧南部的内陆国。东邻匈牙利，西与瑞士和列支敦士登毗邻，南连意大利和南斯拉夫，北与德国、捷克和斯洛伐克接壤。东阿尔卑斯山脉自西向东横贯全境，多瑙河流经东北部境内。

人口： 811万（2000年），绝大多数为奥地利人。78%的居民信奉天主教。

语言： 官方语言德语，98%的人讲德语。

气候： 奥地利气候属中欧型气候。西部受大西洋影响，冬夏温差和昼夜温差大且多雨，东部为大陆性气候，温差小，雨量亦小。

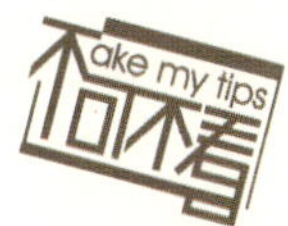

Take my tips 不可不看 **INFORMATION**

托普利兹湖档案： 海拔：718米；湖宽：约250米；湖长：1.8公里；湖深：103米。

湖底无氧世界：从水下20米起，湖水开始缺氧，18米以上有鱼类生存，越往下湖水盐度越大，在湖底深处生存着一些不依赖氧气生存的菌类和蠕虫类生物。著名的GEO杂志曾经利用潜艇在这一湖区进行科学试验，发现一个无氧而且极咸的湖底世界，生存着一些极为罕见的新型菌类。

”去不丹畅游山区王国的古代村落”是与去莫斯科郊外的星际城市太空人训练营接受胆量训练”被并选为国家地理的25种冒险旅游方式之一。

在深入喜马拉雅山脉的美景中体验徒步旅行的艰险，这种对体格和意志的严酷挑战，让慕名前来的冒险家们血脉贲张，跃跃欲试。而这个位于喜马拉雅山脉东南麓的国家，因为与中国接壤，大概也是离我们最近的旅游天堂了。

藏教典籍描述不丹为“神佛的花园”，这里有巨龙般盘亘云间的群山，傲然峭拔，积雪终年不化，同时它还有沉静的胸襟，平和恬静地包容着自然的暴虐和恩泽。在几个世纪的时间里，到过不丹的人有前来避难的喇嘛，弘扬佛教的僧人，英帝国的官员和一名由于偶然机会进行探险的人。”神龙王国”不丹，是喜马拉雅山的心脏地带，从印度平原或西藏高原步行、骑马，往往要经过几天、有时甚至是几周的艰苦跋涉才能到达这个国家的中心地区。

英国使者蓬伯顿上尉在他的报告中这样写道："除了群山脚下一块狭长的土地外，整个不丹领土是地球表面最高最崎岖的地区。因为没有什么合适的位置可以俯瞰如此巨大规模的群山，所以只能提供它们的基本方位的鸟瞰图: 山地被狭长的河床隔开，河水以不可抗拒的力量冲刷着巨大的原始岩石，让人感到它似乎与外部世界隔绝了。"在早期探险家的描述中，统治者穿着丝制长袍，居住在山上高大的城堡里，一千条河流流过山口，穿越峡谷，木头和铁链制成的桥梁横跨在大河之上，脚踩出来的小路在多岩石的山上迂回盘旋，一直通向密林深处。

如今，脚踩出来的道路依然随处可见，迂回在山间，有些地方也铺就了条状的石阶，一路蜿蜒着深入山岭腹地。徒步旅行的线路并不是专门修筑的，它们就是世代生活在这里的山民日常交通所走的路。沿着这些山路，可以走进喜马拉雅山的心脏，更真切地感受不丹这个山地王国的性格。

自然地貌，山岭风光，不丹人对神灵的信仰，构成了徒步之旅的内容。

脚下的路不算陡峭，隔一段就会出现一个平坦的高地，仿佛是专给旅游者休息准备的座椅。从这里可以望见深切的峡谷，谷地流过淙淙的河流，和缓坡上迎风招摇的梯田。可能没有哪一个国家像不丹这样，在3.8万平方公里的国土面积上，拥有如此多样的气候条件: 海拔12000英尺的冰川脚下只生长矮小的草科植物和小小的杜鹃花，中部是内喜马拉雅地区，是肥沃的河谷地带，杜鹃林覆盖着高达8000英尺的山坡。南部的丘陵地带则是热带气候，果树枝叶茂盛，大象、老虎在水气蒙蒙的丛林中觅食。

北部的卢纳纳环圈是最典型的喜马拉雅旅游地，巨大的雪山口还没有被勘察过，有些甚至还没有命名。置身于广阔无垠的白雪蓝天之中，就仿佛看到了众神的神座。卢纳纳是一片险峻的冰川和岩石，奇山异景都被雪覆盖，倒映在带有虚幻色彩的深蓝色冰湖中。通塞德维岗，意为"女神的了望台"，守卫着卢纳纳。这里有世界上最高不可攀的山峰——岗查尔旁森，高达24900英尺。

山峰、村落、修道院，卢纳纳无所不有，这个神秘的领域只有为数寥寥的西方人造访过，不丹最高的居住点坛萨，就在卢纳纳的东部，海拔12300英尺的地方。人们只能从陡峭而危险的山路到达这里，而且只能是在开山以后，冬季来临以后是没有办法走的。坛萨一侧的拉雅，是最西边的居住点，高度仅次于坛萨。

就是在这样的群山和荒原之中，依然会看到寺庙。在不丹，只要有人迹到达的地方，一定有庙宇和神灵崇拜。位于高山之巅的寺庙，庙宇上空的经幡，翻飞起舞，传递着悠远的密语。如天籁梵音，无人能解。

无法不着迷于这种虔诚与神秘。山风大声朗诵彩色经幡上的祈祷文，流水凭借自己的信念恒久地推动经轮旋转，佛法庄严，白色宗堡俯瞰青山翠谷，神佛与恶魔的传说仍缭绕在谷间。

一直以来，为保护国内的天然风貌，也为了避免外来的不良风气的污染，不丹政府对旅游业采取封闭政策，这反而使不丹成为世界上惟一一个完全纯真的国土，一块最后的人间天堂。

Bhutan

A knowledgeable tourist

地理概况：南亚内陆山国，位于喜马拉雅山南麓。其东、北、西三面与中国接壤，南部与印度交界，西南部与锡金毗邻，为内陆国。地势北高南低，全国一半领土在海拔3000米以上，最高点卓木拉日峰海拔7314米。主要河流有桑科什河、通萨河、旺河等。

首都：廷布。

面积：46000平方公里。

人口：78.2万。

气候：自北而南，气候垂直地带性明显。北部山区气候寒冷，中部河谷较温和，南部丘陵平原属湿润的亚热带气候。

民族：主要居民是不丹族，尼泊尔族约占30%—35%。

宗教：藏传佛教（噶举派）为国教，尼泊尔族居民信奉印度教。

语言：西部不丹语“宗卡”和英语为官方语言，南部使用尼泊尔语。

货币：努扎姆。

INFORMATION

普那卡：是不丹的旧都，这里地势较低，天气暖和，每年冬季，全国的僧侣都会到普那卡的宗庙避寒。去普那卡的途中会经过海拔3100米的Dochula山口，天气晴朗时，在此可以眺望到不丹的最高峰——海拔7314米的卓木拉日峰。

廷布：不丹首都。市内有Zelu-Ika庙、国立图书馆、当地的各色手工艺品商店和风味餐厅。Simtokha庙有300年历史，是为纪念上一任国王而兴建的。

帕罗：留有建于17世纪的庙宇Drugyel，国立博物馆里藏品极为丰富，值得细细欣赏。不丹王国最古老的庙宇Kyichu Lakhang就在这里，是公元638年，由藏王松赞干布所建。

Phobjika山谷：是不丹著名的风景区，每年冬季，大群黑颈鹤飞临此处避寒，蔚为壮观。

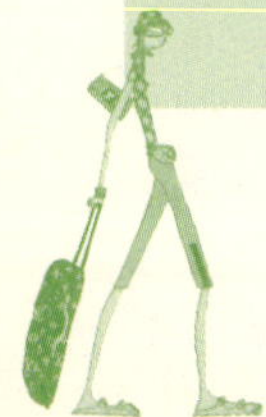

旅游提示：

1．前往不丹旅游必须以旅行团的方式，单人旅行将得不到签证。旅行团最少以4人为一队，每人每晚的费用为200美金，少于4人需要缴付附加费，根据组团人数的不同，分为3档：20美元、30美元和40美元。入境之前，必须付足团费，旅行的行程、游览地点和日期长短等，由游客自己决定。团费虽然不菲，但已经包括了一切费用，如酒店住宿、伙食、导游、全程交通、景点入场费等，且无论人数多少，服务标准不变，导游、司机、车辆全都配备齐全。

2．不丹全国只有一个机场，在小城帕罗，这里可能是最贴近自然的机场，群山环抱，简单的几座小楼，有旅行团的巴士开往首都廷布。

3．因不丹政府限制游客入境人数，再加上不丹航空公司只有寥寥几班客机，每班机只能承载72名乘客，所以要提前预订，旺季时，许多人提早3个月甚至半年就开始订妥机位，以免扫兴。

4．当地天气变幻无常，早晚温差较大，尤其坐长途车经过山口和谷地时，气温会骤降，所以要备好御寒衣物。

塔希提岛Tahitian

上帝的天堂小镇

Heaven For Angel And Their Master

这是个只有天使和生前的义士才能栖居的地方，这是个金光一闪就一切自由幻化的想像空间。

——R.沃利斯 1767年6月

英国航海家沃利斯在寻找传说中的南方大陆时与另一艘船失散，被风吹向塔希提岛。船停泊了一个多月，最终不得不依依作别。

“当地人请我们进屋吃东西，不仅如此，年轻的姑娘向我们献上花环……乐师在一旁用长笛吹奏轻快的曲子，地上还铺着树叶和鲜花……在这里，男女接触是再自然不过的事，毫无神秘色彩。我们仿佛置身在伊甸园中，平原郁郁葱葱，树上果实累累，小溪穿流迂回……这里的人民享有大自然最慷慨的恩赐。处处充满热情、休憩、安逸、欢愉，以及幸福的表象。”他在自己的日记中这样写道。

塔西提岛，上帝的天堂小镇。

远离尘世的喧嚣，独处一隅，仿佛拒人于千里之外。每天早晨，当海水的颜色从深色逐渐变得清澈透亮时，阳光也就慵懒地撒遍了整个小岛。从太平洋上吹来的海风缓缓拂过，幽蓝得抢人眼目的塔希提岛在和风丽日下，清闲地做着自己的美梦。晶莹剔透的海水，洁净的空气，悠闲的气氛，是这个天堂小镇的无价之宝。

Tahitian

A knowledgeable tourist

地理位置：位于南太平洋、大洋洲东部社会群岛的中心，法属波利尼西亚群岛。

首府：帕皮提。

语言：法语为官方语言。本地语为英语和塔希提语的混合语。

宗教：信奉基督教。

面积：1042平方公里。

人口：122.7万。77%为波利尼西亚人。其次是法人与波人的混血儿，还有约占10%的华人。

气候：属亚热带气候。气温13－33℃。年平均降水量为2000毫米。11月至3月为雨季。

INFORMATION

海瓦节：海瓦庆祝活动是塔希提岛上最重要的日子，它庆祝波利尼西亚获得领地自治。每个人都参加连续进行数天的欢庆活动，包括体育比赛，晚上则是舞蹈和唱歌。在活动中还会举行塔希提岛最重要的古老仪式之一——包皮环切术，庆祝未来的国王进入成年的仪式。在这个特殊的夜晚，年轻的王子就要进入成年人的世界，同时，他也将开始履行他的宗教职责。

每天，海滩边的人群里，可以看到各种不同肤色的游客，都懒懒地把自己摊晒在异乡的阳光下，享受着日光浴的同时，也体验着心灵大放假的舒畅。许多外国游客经年盘桓在这个伊甸园般的小岛上，漫无目的地四处游荡，个个脸上都带着梦一般的神情。

有作家称塔希提的魅力是某种奇异的忧郁——南太平洋岛屿的地理位置，决定了它四季温暖如春物产丰富，居民不需要什么衣服，采集食物容易，常常一大群人无所事事地待在椰子树下，望着大海远处凝思。

岛上最著名的小岛是塔希提、摩尔和布拉布拉。在毛姆以画家高更为原型创作的小说《月亮和六便士》里，高更就是毅然抛弃了文明世界的层层矫饰回归了这样一个小岛。事实上，一个传奇也是真实的：在归隐塔希提之前，临近中年的高更的确从未碰过画笔，但是小岛的灵感却奇迹般地促使他表露出了一个真正伟大的画家才能有的天才，他的画从这里震惊天下。

高更把这里的风情收诸笔端，仿佛是在感谢塔希提对自己的知遇之恩。《塔希提少女》，描述的是两位当地女子相对而坐的情景。占据主体的深红色块中，一朵素色的小花簪在女子发际，静静地散发着醉人的芬芳。

如今，两位来自塔希提的少女被收藏在欧洲的艺术馆里。有人开玩笑说，一定是天气阴霾的欧洲想借这两位少女，分得一些宝贵的阳光。不错，阳光是塔希提岛最充裕的资源，也是上帝在这个天堂小镇涂抹的最斑斓的一道色彩。

不知是否有人告诉塔希提岛的居民，他们的家与天堂何等神似。不知修了几世几劫，才能居住在这样的地方，难怪这里的人们都愿意全身心感谢上帝。如果天上人间在某处有着完美的统一，那个地方一定是塔希提岛。

莫斯科地铁
Moscow Subway
最诡丽的地下铁
The Magnificent Subway

这里是另外一个世界，幽深而华丽，也引发着人们某些神秘的猜想。

——H.瓦格里乌斯

也许可以毫不夸张地说，没有了地铁也就没有了莫斯科人的生活。

在约1000平方公里的土地上，莫斯科地铁几乎伸展到了这个城市的每个角落。走进地铁，在十几个小时内，你就可以坐完14条不同方向的线路，走遍莫斯科的地下。

莫斯科东西南北方向有9个火车站，每个车站都与地铁相连。莫斯科地铁站多达160个，总长度为300公里左右。在莫斯科看不见人行过街桥，人们就在这地下通道里穿越马路。繁华的阿尔巴特大街，闻名世界的莫斯科大剧院和克里姆林宫大会堂，珍品堆积如山的特列季亚可夫画廊，人群摩肩接踵的中央百货公司，所有这些高楼大厦和名胜宝地的旁边或门口都有地铁站。

莫斯科地铁的瑰丽令人惊叹，连候车的长廊也是拱形圆顶的雕梁画栋。欧洲中世纪风格的石膏大理石雕花，配着水晶吊灯，其古典与豪华，不输于宫殿。墙壁上镶嵌着石膏画框，既有古意盎然的中古世纪油画，也有描绘苏联革命时期工农兵的作品。每个车站的色调、风格也各不相同，基辅站的富丽、共青团站的恢弘、马雅可夫斯基站的古朴、阿尔巴特站的典雅、诺沃斯洛波德站的清幽、索科尔站的浑然……使整个莫斯科地铁像一个陈列着不同风格作品的画廊。乘坐飞驰的列车，穿梭于各站之间，犹如登上梦的飞船，进入一段时光隧道，忽而今日，忽而往昔，真有“秦时明月汉时关”的感受，人的生命好像也由此得到了延伸。

历史的辉煌，很多时候是源自于某些荒谬的想法。就像埃及法老为了无聊的身后事筑起了金字塔，中国皇帝由于懦弱而建造了长城，莫斯科地铁的建设，也不乏这类底蕴。虽然修建地铁的初衷是为了便利莫斯科的交通，但如此奢华的铺张，却是为了显示前苏联体制不同于西方的巨大的优越性。

二战期间，莫斯科的地铁站曾一度成为市民躲避德国空袭的防空洞。而莫斯科的地铁站也曾被刻意地深挖以便当美国对莫斯科实行核打击时做庇护之用。据说，这里还遍布着复杂的坑道，有一些同情报机关相连。比如，在马雅可夫斯基站的基洛夫半身雕像后的一扇秘密门道，就可以直通到从前斯大林位于防空指挥部的办公室。当然，这只是传说，而正是莫斯科地铁那空前的魅力，诱发了人们无尽的联想。

历史的尘埃落定，金字塔的坚固没有带来埃及法老永世的清净，巍峨的长城也挡不住成吉思汗的矮马阔刀，东欧集团的分崩离析宣告了前苏联体制的彻底失败，人们对旧体制的产物进行了许多抨击，说这种高速度是以人民的贫困为基础的，可却从没有人抨击修地铁。其实，地铁本身就是高速工业化的产物，人民为地铁的修建，同样经历了难以想像的艰难困苦（包括贫困和牺牲）。那为什么没人抨击它呢？也许，人们在做出无数牺牲和忍受难以想像的艰难困苦之后，切身体验到了地铁给他们生活带来的便利。

不论春夏秋冬，每天都会有几百万普通莫斯科人经过这里，来感受这里深厚的历史感，来体味艺术给人的馨香。然后，他们又分散到自己的天地里，把他们的感受传播给更多的人。

也许可以毫不夸张地说，没有了地铁也就没有了莫斯科人的生活。

地铁是地下的莫斯科，地铁是莫斯科的灵魂和心脏。莫斯科地铁在午夜1时发最后一班，如果这时你坐车回去，恰巧车厢里只有你一个人，四周万籁俱寂，你就会听到莫斯科的心跳，你就会感到莫斯科地下深处的骚动和不安……

MoscowSubway

A knowledgeable tourist

莫斯科地铁始建于一九三五年，至今共有十一条线，近两百个车站。它不仅是快速、便捷的交通设施，更是观光景点之一。为了夸耀“社会主义天堂”苏联强大的国力，许多地铁站以大理石、马赛克、壁画、浮雕、枝形吊灯、彩花玻璃装饰，其独特优美的建筑如同宫殿一般，被喻为“地下宫殿”。

地铁线路总长：300公里。

车站数量：160个。

车厢总数：4150节。

列车最大运行密度：45对列车/小时。

最小列车运行间隙：85秒。

设计机车车辆运行速度：90公里/小时。

平均营运速度：41公里/小时。

最长的线路：40.3公里。

最短的线路：4公里。

最长的隧道：39.5公里。

最长的区间（两个站间的距离）：3.5公里，纺织工人站与伏尔加格勒大街站区间。

最短的区间：460米，亚利山大花园站与阿尔巴特站区间。

最深的车站：62米的杜博若夫卡站。

日均运送乘客：900万人次。

最高日运送乘客：1200多万人次。

末班车发车时间：01:03。

INFORMATION

多勃雷宁站（DOBRYNINSKAYA）：凝重严肃、厚重多层次的大理石堆叠出高贵庄严的气氛。

罗马站（RIMSKAYA）：造型颇富现代感。

塔甘站（TAGANSKAYA）：华丽高雅的浅蓝色浮雕让地铁站如同博物馆一般美丽。

新铁匠站（NOVOKUZNETSKAYA）：美不可喻的天花板、浮雕、马赛克壁画。

和平大道站（PROSPECT MIRA）：典型的斯大林式风格：气派、夸张。大概所有前苏联的城市里，都可以找到一条街叫做“和平大道”。

共党青年团站（KOMSOMOL'SKAYA）：富丽堂皇、美不胜收的共青团站，是观光客必到之处。

白俄罗斯站（BELORUSSKAYA）：天花板的马赛克图案全部是彩石缀成的。这一站的出口便是白俄罗斯火车站。往明斯克的旅客别忘了下车。

皇后镇被誉为新西兰的"体

去法国滑雪，是一种奢侈的

这里被世界生物保护基

运动篇

极限运动之都

The Home Of Extreme Sports——皇后镇 Queens Town

滑雪，下水冲浪，拖行降伞，喷气飞船，激流[illegible]……在这里应有尽有，风靡世界的“蹦极”就是从这里最先兴起

最有品味的雪站 The Skiing Station With Best Taste——摩津Megeve

[illegible]大的不同是，摩津小镇里还有很多做乳酪、做陶器、做石屋瓦等传

[illegible]之都The Sailing Heaven——奥克兰Auckland

[illegible]者提供了极为理想的条件。世界重量级的帆船比赛每年都在这里举行。

潜水胜地 Go For Diving——西巴丹Sipadan

[illegible]上最美丽珊瑚的潜水地之一，海底生物的丰富性为马来西亚之最。而世界上惟一被人类发现的龟冢就在这个岛屿海

[illegible]。最适合溯溪运动的地方Do You Know Steam Boating——百胜滩Pagsanjan

[illegible]溪”是一项新鲜但并不陌生的运动，如果你对这种拗口的极限运动还不熟悉，它的近亲兄弟应该可以给你些概念，

崖降、溪降、漂流。徒步旅行者的天堂 Hiking With God——博卡拉Pokhara

珠穆朗玛峰、雪山、印度教、徒步旅行者的天堂、世界上最高的国家，一个自然神秘而充满浓郁风情的地方。

运动无极限 I Love This Game!

运动是这里每个地方的生命，到这里是为了体验运动，但不是只有运动……

皇后镇 Queens Town

极限运动之都 The Home Of Extreme Sports

“我们很骄傲，可以称自己为冒险之都，这里冒险活动之多，如果一天玩一样，也要花60天才能全部玩完！”

——皇后镇旅游局专员甘迺迪

“因为它就在那儿。”对于喜欢刺激的极限运动爱好者来说，来自极限运动挑战就是这样的不可解释。尤其是新西兰人，更是乐此不疲。他们说，如果有一个“极限运动的天堂”，那这个天堂一定就是皇后镇。

作为新西兰旅游业王冠明珠的皇后镇，它的魅力到底何在，就连本地人也说不清楚。它拥有堪可入画的美丽风景：阿尔卑斯的秀美山川，冰雪汇集而成的深邃碧湖，散落乡间的座座农舍。而富含云母片岩的高原上闪耀的斑斓色彩，更是吸引了无数艺术家纷至沓来。

也许软玉和黄金也该列入皇后镇的签名档。14世纪，毛利人来到这片土地寻找制作“蒂基”的软玉，他们深信这种玉质的护身符蕴涵着强大的神奇力量。而在19世纪的淘金热潮中，吸引了大批的拓荒者一路风尘地赶来，他们怀揣发热发烫的淘金梦，高唱着“大家都穿蓝衬衣”的歌谣，在这个寂静的小山谷掀起喧哗和躁动。从那时遗留下来的采金小镇，在夕阳里诉说着当年的兴盛，偶尔发出一两声往事如烟的慨叹。如今的加布里埃尔溪谷，只有好奇的游客来这里一试运气，看看能不能像西部电影中的主人公那样，无意间发掘一座金矿。

极限运动，才是这里的金字招牌。一年四季都有大量的极限运动爱好者从海外涌入，旺盛的人气，甚至让本国游客发出了抱怨：“我们都没有机会好好游玩了”。

而皇后镇也没有辜负游客的厚爱。这里运动设施完备，运动空间囊括了水、陆、空三界。上山滑雪，下水冲浪，特技飞行，激流滑艇……各种冒险活动层出不穷，应有尽有。从克里斯塔滑道的平底雪橇上疾冲下山，在仍然活动的冰川上摸索前行，在环型公路上驱车挑战自己的驾驶技术，还有激流中的漂流冒险，尽管危险近在咫尺，在此起彼伏的惊声尖叫中，却能感受到那份位于极限之巅的快乐。

风靡世界的高空蹦极，就是从这里最先兴起的。在急速下坠的视角里，景物飞快掠过，恐惧迅速膨胀，肾上腺素成倍分泌，失去重心的同时也失去了思考。然而就在到达临界点的刹那，一切戛然而止，顿时，“死里逃生”的喜悦占据了整个身心。重心回位，思考回位，一切如常，而心，犹在怦怦乱跳。

QueensTown

A knowledgeable tourist

地理概况：位于新西兰南岛南阿尔卑斯山脉，高于海平面310米瓦卡蒂普湖（Wakatipu）畔的皇后镇，也是瓦卡蒂普湖畔景致最美的地区。在15000年前的冰河世纪，此地仍被冰河所覆盖，是经过多年冰碛石的冲积，才形成现今的瓦卡蒂普盆地，而其中Gorge Road就是当初冰河流入瓦卡蒂普湖的路径。

交通：目前国内没有直达皇后镇的国际航班，可乘国际航班由北京飞往新西兰最大的城市奥克兰，夜宿航班上。经奥克兰转机前往皇后镇。

皇后镇旅游咨询服务中心：

地址：Shotover和Camps St转角

电话：（64-3）442-4100　**传真：**（64-3）442-8907

特别提示：在皇后镇骑脚踏车旅游是一个理想的方式，在镇上有些商店有脚踏车或机动脚踏车出租。

INFORMATION

箭城（Arrowtown）：距皇后镇约半小时车程，是一个风景如画的古老小镇。这里有许多整修过的淘金时代建筑，更有销售羊毛服装、玉石（绿玉）饰物和珠宝的商店。湖区博物馆则展览着有关淘金与当地历史的文物，游客可租用淘金设备在附近的箭河里试试运气，一尝淘金滋味。

高空弹跳（Bungy Jumping）：皇后镇是高空弹跳的鼻祖。这项安全又具冒险的刺激体育活动常常吸引来自世界各地的胆大者一试，虽然有许多人到了现场后又打退堂鼓，但就算不亲身尝试，光是看他人表演也相当有意思。

路特本远足径（Routeburn Traek）：是本区最著名的远足径，起点离皇后镇80公里，位于艾斯派林山国家公园（Mount Aspiring National Parks）内，终点则在南阿尔卑斯山东西侧分水岭处。

瓦卡蒂普湖（Lake Wakatipu）：是一个位于秀丽风景中的美丽湖泊，位在高耸山峰与偌大湖泊的怀抱中。游览此区的最好方法就是乘船游河，游客可选择在水上用餐、双体船游览或游船包租。

空中畅游（Scenic Flights）：想要将不同的湖泊、山脉和森林景致一览无遗，最好的办法就是选择直升机空中飞行，并可加插钓鱼、滑雪、泛舟活动于行程中。固定翼飞机可驾驶较长的距离，游客可见到更多胜景，如峡湾地区与艾斯派林山国家公园。

空中缆车（Skyline Gondola）：乘坐缆车到达海拔450米的鲍伯斯峰上观景，山顶上综合商场、餐厅、酒吧、咖啡馆一应俱全，并有上演30分钟喜剧电影“纽西兰奇迹”的影剧院，此外还有观景台。

瓦尔特峰高原牧场（Walter Peak）：搭乘蒸汽船穿越瓦卡蒂普湖后，至农庄观赏剪羊毛秀，牧羊犬赶羊或是亲自感受挤羊奶的新鲜经验。

对于冒险成癖的人来说，这样的高空蹦极已经不再兴奋。在皇后镇，他们找到了“莱普跳”。这种大头朝下的高空下降，难度之大，让蜘蛛侠也自叹弗如。据说这种空降形式原为英国特种航空队训练专用，但在皇后镇，它却为艺高胆大的冒险家提供了一个全新的角度来欣赏风景。

空中的冒险，还有悬挂式滑翔和特技飞行，不仅时间掌握更自如，视野也更加惊险。打滚、侧空翻、连环筋斗、迎面而来的山峰……像是觉得这种颠覆五脏六腑的飞行还不够刺激，驾驶员在起飞前友好地打招呼：“嗨，你真走运，今天是我第一次上岗。”

善意的大笑声告诉你，他的目的达到了。新西兰对冒险旅游业的管理十分严格，从业者都要经过专门训练。不过皇后镇的旅游从业人员像是从同一间教室毕业的：渲染活动的危险性，极尽惊悚之能事，是他们的一致爱好。对于极限运动，他们有自己的见解：“人们越是认为活动危险，分泌的肾上腺素就越多，感受到的兴奋刺激就越大。”

事实证明，少加了惊险刺激这道作料，游玩的乐趣确实要打不少折扣。

每年冬季，皇后镇都会举行令人疯狂的嘉年华，这项有着“南半球最大的冬季庆典”美称的活动已经连续在这里举行了30年，各类雪上运动，吸引了世界一流的雪上高人前来大显身手。除了盛大的赛事，镇上还准备了众多免费的娱乐活动，从各地汇集的美食饕餮，加上前来助兴的音乐表演，让与会众人的身心和味蕾一起high到最高点，喘不过气来。据说蹦极、漂流，包括刚刚兴起的左宾球运动，都是新西兰人的创造发明。没有人能够解释这里的人如此爱玩的天性到底源自何处，但从他们笑容洋溢的脸上，能够真切地感受到一种对于生活的热爱，这是一种发自内心的热情。

摩津

Megeve

最有品味的雪站

The Skiing Station With Best Taste

如果雪上功夫好，可以一路溜到瑞士去看风景吃个午餐，再滑回法国吃晚餐。

——TOM 旅游

雪场处处有，法国的格外不同。

这个盛产诗与酒的国度，因为阿尔卑斯山的眷顾，拥有了多如繁星的雪场，全世界最多、最长的滑雪道，以及比其他地区来得更长的滑雪季（12月中到3月底），在有些冰河区，甚至全年都可以滑雪。

在摩津地区，有个与瑞士相邻的滑雪场——太阳门Portedu Soleil，堪称法国境内数一数二的国际滑雪胜地，这里有着广袤无垠的连环滑雪区（多个滑雪度假村之间互联）和蛛网般四通八达的滑雪缆车路线，方便得足以让其他国家的雪场狠狠地嫉妒一阵子。

雪场好不好，首先要看雪好不好，这里的雪当然是天然雪，降雪量极大，雪质如羽绒般细腻松软，走路的时候，每脚都会踩到齐膝深，咯吱咯吱的，让人的心情也清脆起来；穿上雪板则正适合滑行，转弯时撮起的雪沫像车床上飞溅出的火花。

其次要看雪道，长长短短数十条雪道，适合从菜鸟到高手各色人等体会飞一般的乐趣，飞得是否专业暂且不提，要的就是在雪堆里摸爬滚打，与自然清凉接触的乐趣。

三要看气温，超过4℃，雪会化掉，低于零下10℃，雪会变硬，而且人体在这种温度下也会觉得不适，这里的气温总是在这个区间中摇摆，实在是最佳的选择，有阳光的时候，身体被晒得暖暖的像要融化，雪却不会。

第四要看风景，咖啡色的小木屋衬着雪白的山峰与墨绿的林子，有情有趣。

最后看配套设施，这里租用的雪具质量极好，有直通山顶的缆车，安全与服务均数一流，雪道上每隔一段就家餐厅提供食品、饮料和设备维修服务。然而最优异最人性化的设施是法国美男。滑雪站设有滑雪学校，教练全是经验丰富且擅长多国外语的滑雪高手，让不懂法语的初学者也能很快进入状

Megeve

A knowledgeable tourist

地理概况：摩津是位于法国南部的小镇。滑雪道高度为1113/2350米，是全欧洲最早最好的滑雪度假村，面对布朗峰，别名“Sunny Megeve”，这地区大部分时间也是阳光普照。是国际驰名滑雪度假胜地，每年吸引大量不远千里而来的度假者。午后，街道不准行车，只许马拉雪橇行走及行人往来。有许多人还说，在Megeve购物，可媲美巴黎。

INFORMATION

其他活动：溜冰、冰上滚球、冰球、保龄球、越野滑雪、车橇滑雪、电影院、赌场、购物中心、运动场、暖水泳池。

电话：(4) 50 21 27 28

传真：(4) 50 93 03 09

网址：www.megeve.com

E-mail：megeve@laposte.fr

态，且要命的是高手们个个身材修长，面庞清俊，眼神温柔，声音富于磁性——就凭这也足以解释摩津为何总让游人流连不去。

如果说雪上飞驰还因为无法脱离地心引力的牵绊而显得不够拉风，那么在连绵的山谷间玩滑翔翼，看成片的雪山从身下掠过，感觉自己像一只盘旋在阿尔卑斯上空的鹰。

都说欧洲各个国家之间像邻居，开车不小心是很容易出国串个门的；而在摩津，根本用不着汽车，踩着滑雪板就足以来一趟法国—瑞士雪场一日游。

清晨，从摩津的山脚处出发，迎着阳光与飒飒的山风，翻越一座座山峰，飞跃过一个个沟谷，如果“雪上飞”的功夫练得好，中午时分便可以坐在瑞士的小酒馆里享受美餐，一抬头，就可看见窗子里框着的皑皑的阿尔卑斯山，湛蓝的天空，以及近处墨绿的松林与尖顶小木屋。

要上杯咖啡，悠悠然歇够了，重新踏上雪板掉头回去，等到太阳快下山时，已经可以看到不远处法国小镇里的灯火，空气中弥漫着烧鹅和红酒的香气，足以引诱任何一个饥肠辘辘的过客。

在摩津，有两件事是无论如何也不用操心的，一是雪上的享受，一是夜生活。脱下雪板，无

须多想，只要随遇而安地将夜晚交给任何一家餐厅和酒吧；或者干脆像猫一样慵懒地在旅馆的沙龙里，窝进一个柔软的大沙发，围着暖得让人不忍离开的壁炉，在半梦半醒之间听叮叮咚咚的钢琴调子。

晴朗的白天，在小镇上悠闲地行走是另外一种乐趣。人们都说摩津是法国境内最有品位的雪站之一。沿着山坡依次排开的是尖顶小木屋，古老却明净的小精品店橱窗里，是各式各样精致的玩意儿，玩具、首饰、衣服，鲜艳夺目地一大片，乍看之下似乎分不清彼此，只笼统地感觉漂亮得不行。和其他雪站最大的不同是，小镇里还有很多做乳酪、做陶器、做石屋瓦的小作坊，踱进去就可以看见满脸友善的工匠，态度谦和，任凭参观。当然，若是你肯掏钱买下，工匠们的热情指数还会立刻跳升几个段位。

圣诞节是小镇最热闹的时光，小小的街道两边，到处是一闪一闪的彩灯和挂满礼物的圣诞树。坐在被白雪拥抱着的小木屋里，靠在暖和的壁炉前，围着圣诞树拆礼物——这是比电影场景更温馨美丽的银色圣诞。

平安夜，可以参加一趟萤火虫雪橇之游；任小小的雪橇载着满满的惊喜和刺激，在月色松林间快速滑行；或者一头钻进个印第安纳野战营（IndianaBOB），来一场期待已久的实地大“作战”。在摩津的冬夜，空气前所未有的清新，将一切快乐还原成孩提时代的样子。

奥克兰 Auckland

帆船之都

The Sailing Heaven

“这里没有第二名，只有冠军与失败者之分！”

——“美洲杯”帆船赛标语

Equalizer

Auckland

A knowledgeable tourist

地理位置：新西兰位于赤道南端，澳大利亚的东南，西临塔斯曼海，东接太平洋。是西南太平洋上的一个美丽岛国，值得一提的是新西兰任何地方距离最近的大海都不超过128公里。

气候：新西兰的季节与北半球正好相反。1月和2月是最热的月份，而7月则最冷。新西兰的气候温和，平均气温从7月的8℃到1月的17℃，但是很多地方夏天的气温可达到30℃以上。新西兰夏季上午11时和下午4时之间的太阳照射特别强烈。

人口：奥克兰是新西兰最大的城市，人口超过100万。大部分新西兰人是欧洲人的后裔，约占72%。其次是新西兰的原住民——毛利人，约占15%，太平洋岛国人约占5%，亚洲人约占5%。

语言：英语为母语，毛利语在部分地区也通用。

货币：新西兰元（NZD）。

INFORMATION

皇后大街（Queen Street）：皇后大街是奥克兰传统的主要街道或“黄金地段”，是新西兰的最佳商业区，它汇集了市内所有购物商店及大型百货公司。这里的商品，琳琅满目，令人目不暇接。礼品商店和羊毛制品店出售手工羊毛袍、毛利族人雕刻品、翡翠、饰品、贝壳首饰、由美洲负鼠皮制成的皮衣以及羊毛汽车座套。

老海关大厦（The Old Customhouse）：老海关大厦坐落于市区综合大楼对面，正好在海关和阿尔伯特街的拐角处，这个大厦80多年来一直是奥克兰的金融中心。老海关大厦是按照法国文艺复兴时期的建筑风格设计的，落成于1889年，它也是目前在中心商业区遗留下来的具有维多利亚风格的最后一批纪念物之一。大厦每周七天均向游客开放，设有电影院、工艺礼品商店、饭店、客栈、咖啡厅，还有对外出售书籍、木制品以及羊毛制品的商店。

当各地的政府还坚持地认为奥克兰这个新西兰最大的城市才具备首都的风范(新西兰的法定首都是惠灵顿),当所有从奥克兰回来的朋友还是热衷于那种物美价廉的"绵羊油",当影迷们还在讨论那个诞生了"指环王"的魔幻之地竟然是奥克兰的一个普通的动物园的时候,奥克兰人早就驾着自家的游艇出海远游享受海风去了,对他们来说,有一个"风帆之都"的美誉早就已经够了,这种驾驭风浪与空气追逐的酷与爽是没办法带走的,只有亲身经历方能体会。

在奥克兰,听到人们说得最多的两个词是"大海"和"帆船"。大海的豪情是人们扬帆的速度;大海的妩媚,是人们游弋水上的悠然。这里大约每4人便拥有1艘船,这样的比例甚至超过了许多国家的居民汽车拥有量。所有人都酷爱扬帆出海,醉心于三"B"活动,即:去海滩(beach)、划船(boating)和烧烤野餐(barbecue)。他们抓住一切机会,成群结队地离家奔向最近的海滩或港口,随身带着用旧了的野炊用具和装满冰冻啤酒的聚丙烯"冷箱",从而使这种场景显得十分壮观。

每年1月底在怀特玛塔港举行的美洲杯帆船竞赛,千帆并举,更是奥克兰城的一大盛景。那时不仅各国风帆好手云集,世界名流巨子更是远从各地而来,争睹这场最奢华、最昂贵海上运动的超级世界杯。城中几乎是万人空巷,店铺都关门停业,仿佛一向行踪匆匆的时间也愿意为奥克兰而停顿。

可是谁能怪罪奥克兰人呢?是上苍赐予了他们两个美丽的港口,独特的狭长地形,数十个可以供人们游泳的海滩,遍布幽静小岛的海岸,较高的生活水准以及适合户外运动的夏季气候,使得受到格外眷顾的奥克兰每个景色里都充斥着活力的细胞。

当然你可以去库克山看看世界上最高的瀑布——萨瑟兰瀑布,也可以到罗托鲁瓦的喷泉浴池,享受波利尼西亚天然地热温泉的乐趣,或者到南半球最高的建筑物天空之塔上一览无余地俯瞰整个城市,不过真正的奥克兰人是绝对不满足只是作一个孤独的旁观者,大海和沙滩更能触动他们的兴奋点。

奥克兰西岸最为著名的是Piha及Muriwai海滩,海水清澈,幼沙遍地,是滑浪风帆者的天堂。北岸方面,Takapuna滩及Longbay滩较驰名;金光闪耀,阳光充沛,热爱游泳及徒手潜水的弄潮儿的确不容错过。

说到底,新西兰人对帆船的热情源于对大海的热爱。过去的航海经历已永载史册,在合臣码头海洋博物馆中,展示着从事航海、捕鲸活动的海上移民及波利尼西亚探险者富有传奇色彩的海洋史。位于Orakei Wharf的凯里道顿海底世界更可近距离地观看各种海洋生物,站在自动传送的电梯上,体会逆戟鲸、篁鱼、巨章等庞然大物穿梭而过时的阵阵惊喜。

Anyway,让我们一起享受奥克兰的大海,一起将风帆之爱进行到底。

西巴丹 Sipadan

潜水胜地
Go For Diving

“它是未曾受过侵犯的艺术品。”

——潜水之父 Jacques Cousteus

西巴丹是世界生物保护基金评定为有世界上最美丽珊瑚的潜水胜地之一，但是从世界地图上寻找它却是件考验人的事。因为整个岛屿边边角角都算上也不过只有四公顷。从空中俯瞰，西巴丹岛安详地仰卧在苏禄海上，像盛开在海中的一朵蘑菇花。岛上茂密的热带雨林点缀着星星白屋，清新异常。

当然，西巴丹的美只浮在水面上三分，那七分的奇幻与瑰丽是非要到水下才能欣赏得到的了。

虽然西巴丹是专业潜水者公认的天堂，仍然还是有很多“旱鸭子”在配备好精良的“武器装备”后“奋勇出战”的，因为实在没人能抵挡来自海水深处的无限吸引。

西巴丹的海底处处是惊奇。会开会合的桶状海绵，仿佛陆地上可口的柿子，让人食欲陡起却不敢亲近，也许是因为那些美丽得阴险的海葵吧，握着橙色水枪婆娑起舞，曼妙多姿，然而却是吸引猎物的陷阱。

Sipadan

A knowledgeable tourist

地理： 位于“仙本那港”的岸外群岛，即沙巴州东南方的西里伯海面上的一个小岛，地处北纬4度左右。

语言： 马来西亚语为主，英语及福建话也可通用。

货币： 林吉特。

INFORMATION

防晒： 西巴丹的阳光威力十足，切记带好防晒用品，免得回家晒得像只脱了皮的大虾。

防伤： 潜水时，除了要配备好应有的潜水服、脚蹼和氧气瓶外，最好自带一双手套，因为水下的珊瑚有的极为犀利，很容易划伤手指，有的鱼类也不宜直接用手触摸，无论它看上去多么可爱，否则一定会留下“难以磨灭的印记”！

礼节： 马来人比较保守，不要和对方离得太近，更忌讳挽手、拍打甚至握手。如果有机会进入马来西亚城市里的寺庙游玩，一定要穿长裤和披肩，最好别过分地暴露皮肤，而且进屋要先脱鞋！

龟冢： 在西巴丹水下20英尺深处，有一个令全球动物学家都说不清道不明的奇特现象——龟冢。这是一个长形的洞穴，散落的到处都是海龟的遗骸，白骨森森，有完整的，也有残缺不全的，胆小之人看了恐怕会不寒而栗。西巴丹的海龟们会选择此地为自己的终极归宿，留下自己的骸骨。至于为什么这里成为海龟们的“公墓”，却没人知道。

最让潜水者恣意享受的则是与鱼群共游的珍贵经验。作为陌生的入侵者，异类的我们都会很知趣地跟在鱼群旁边，慢慢熟悉彼此的速度后再来"亲密接触"，甚至可以做它们其中的一员，用拙劣的姿势摆动几下庞大的身体，也许鱼儿真会把这个吐着气泡的大脚动物当成远房亲戚呢！据统计，该地发现的鱼类超过3000种而且大部分是在任何其他地方都看不到的稀有品种，最常见的鱼群是身子扁而长的白鱼（Jack Fish）和苏君，它们不出队则已，一出游便成千上万把整片海洋染得黑压压不见天日，即使最有胆量的老手，见到白鱼群迎面冲来的阵势也未免心惊胆战；状如神仙鱼的黑斑黄鱼，帮派虽不比苏君和白鱼强大，纠起众来充其量也只有数百条，却因外貌鲜艳而令人注目，值得一提的是，在西巴丹的海底你会发现太多的颜色是陆地上不曾见过、甚至不曾想到的，就像是上帝遗落了他的调色盘，恰巧落在了这群鱼儿身上，从此便有了一身的彩衣；偶尔现身的黄身黑点河豚数目不多，却显得它的弥足珍贵与王者风范。如果你运气好的话，还能看见几个熟面孔，比如《海底总动员》里头那个丑丑的瞪着大眼睛的小鱼Nemo。

虽然西巴丹有着神仙美景，优良潜滩，但是却挡不住令人痛心的人为破坏。虔诚的信徒依然每年从世界各个地方赶来祭拜这座潜水者的天堂，因为他们知道天堂始终是要离开人间回到仙界的。就在上帝还眷顾我们的时候，尽情地享受西巴丹这块弥足珍贵的瑰宝吧！

百胜滩 Pagsanjan

溯溪运动

Do You Know Steam Boating

“假如需要用我的鲜血去增添黎明的绚彩，拿了它吧，为了你的宝贵的需要，让它的丹红，染上那令人觉醒的光芒。”

——菲律宾独立运动领袖、作家黎萨

A knowledgeable tourist

气候： 属热带海洋性气候，高温多雨，湿度大。年均气温27℃，年降水量2000—3000毫米。

地理概况： 位于亚洲东南部，北隔巴士海峡与中国台湾省遥遥相对，南和西南隔苏拉威西海、巴拉巴克海峡与印度尼西亚、马来西亚相望，东临太平洋，西濒南中国海。由7107个大小岛屿组成，总面积29.97万平方公里，是一个位于亚洲东南部的群岛国家。

人口： 共8120万，其中马来族占全国人口的85%以上。国民约84%信奉天主教，4.9%信奉伊斯兰教，少数人信奉独立教和基督教新教，华人多信奉佛教，原住民多信奉原始宗教。属于比较复杂的宗教状况。

语言： 菲律宾有70多种语言。国语是以他加禄语为基础的菲律宾语，英语为官方语言，不过到了那里你会发现其实讲中文的也不在少数。

货币： 菲律宾比索（Peso）。

INFORMATION ••••

放水： 只要上了邦卡就相当于下了水，所以千万不要随身带相机等怕水的贵重的东西，否则很可能“血本无归”了！

舵手： 找一个优秀的舵手是你泛舟之行的绝对保证，所以一定要注意先沟通然后找到一个经验丰富、体格强壮的领航人。

装备： 强烈建议自带一副比较结实的手套，因为溯溪的过程中除了要紧紧地抓住邦卡外，还要不时地支撑水边的岩石，所以手套的作用不可小视。

百胜滩，在菲律宾语中是“分支”之意，因为城镇正位于两条河的分岔点上而得名。初次听这个名字，还以为是“必胜客”的亲戚呢！当然，在旅游界，百胜滩响当当的名头一点都不次于必胜客在餐饮中的地位。如果你说要去菲律宾，话还没落地，肯定就有人跑出来热情洋溢地向你推荐这个不能错过的地方。

百胜滩位于马尼拉东南方大约105公里距离的拉古那省一个小镇上，素以溯溪闻名，“溯溪”是一项新鲜但并不陌生的运动，就是沿着水层浅但是落差大的溪水逆流而上，如果你对这种拗口的极限运动还不熟悉，它的近亲兄弟应该可以给你些概念，比如丛林穿越、崖降、溪降、漂流。而在百胜滩溯溪最大的特色乃是河流之蜿蜒曲折和山川峡谷所保留的原始面貌，纵眼望去，溪流就像一条懒洋洋的蛇休憩在深绿色的地毯上。峡谷两边的崖壁陡峭得厉害，几乎是直着向上顶去，身上覆盖着厚密茂盛又略带阴森的植物，显得这条“甬道”湿漉漉的。

在这里溯溪，自然不能以普通之物载之，迎接客人的都是一种菲律宾当地独特的四人座的独木小舟，当地人称之为“邦卡”，其船身外形细长，前后方各有一位划桨舵手，中央的空间则用来搭载两至三名游客。有点像那个很负盛名的威尼斯船“刚朵拉”，但是更浅，尤其是行到险处，总是觉得自己庞大得要掉到水中喂鱼。所以规劝各位一句，无论你是多么的勇敢，救生衣是不能不穿的。百胜滩的源头很宽阔，这种迷惑性的安全景象总是让普通的游客放心，让热爱刺激的朋友失望，但是很快这两种人都会发现自己的定论下得太早了。慢慢逆流而上，当船身逐渐行驶，水面则开始会愈来愈窄，之后，引擎船便与船身分离，开始由划桨手以桨划行前进。此时两岸的景观则随着河面千变万化，时而像桂林秀丽山水，时而则如峡谷万丈豪情，沿岸的峭壁和绿树，有着旖旎的风光和景观，尤其微风吹来更是让人清爽舒适。

比起自然风景，桨手构成的那番风景更是让人难以忘怀。由于路线曲折，水流湍急，邦卡几乎没有办法顺当地前进，靠的就是前面桨手的灵活度和对百胜滩的每一块石头的无比熟稔。一旦遇到河面嶙峋不平时，桨手更会下船跳入水中，费尽全力拉船前行，若是即将碰撞巨石时，船夫更会以脚将船身推开，所以沿途随时充满着惊险刺激的气氛；而如果河道被岩石所阻碍，无法顺利逆流而上时，两位船夫还会跳下船同心协力地一前一后推船身前进。坐在船中，往往开始钦佩他们无需进健身房吃减肥药就那么精干的身躯，看着自己肥肥的肚腩感慨“脂肪何来”？另一方面，又觉得自己的这种旅游的安逸和这样艰苦的生活对比起来，多多少少体现了老天爷的不公平。

当独木舟来到河流尽头的瀑布时，一切的思绪都显得多余了，因为百胜滩溯溪之旅的压轴好戏即将登场。游客这时可以选择另外自费乘坐竹筏，从眼前轰隆做响的瀑布流水中穿过，当数万吨的大水冲击在身上，耳中听到尖叫声此起彼落，随后船身逐渐划进阴凉的洞内后，被水淋湿的全身，顿时只感到通体舒畅，扬起无与伦比的快感。虽然旅行社的人总是把这一举高雅地称为“天然的SPA疗程”但是对于大多数中国人来说，冲进瀑布的那一刻，脑中响起的应该是“你挑着担，我牵着马”的旋律，恍惚间我们那可爱的美猴王仿佛就在那“回头的灯火阑珊处”！

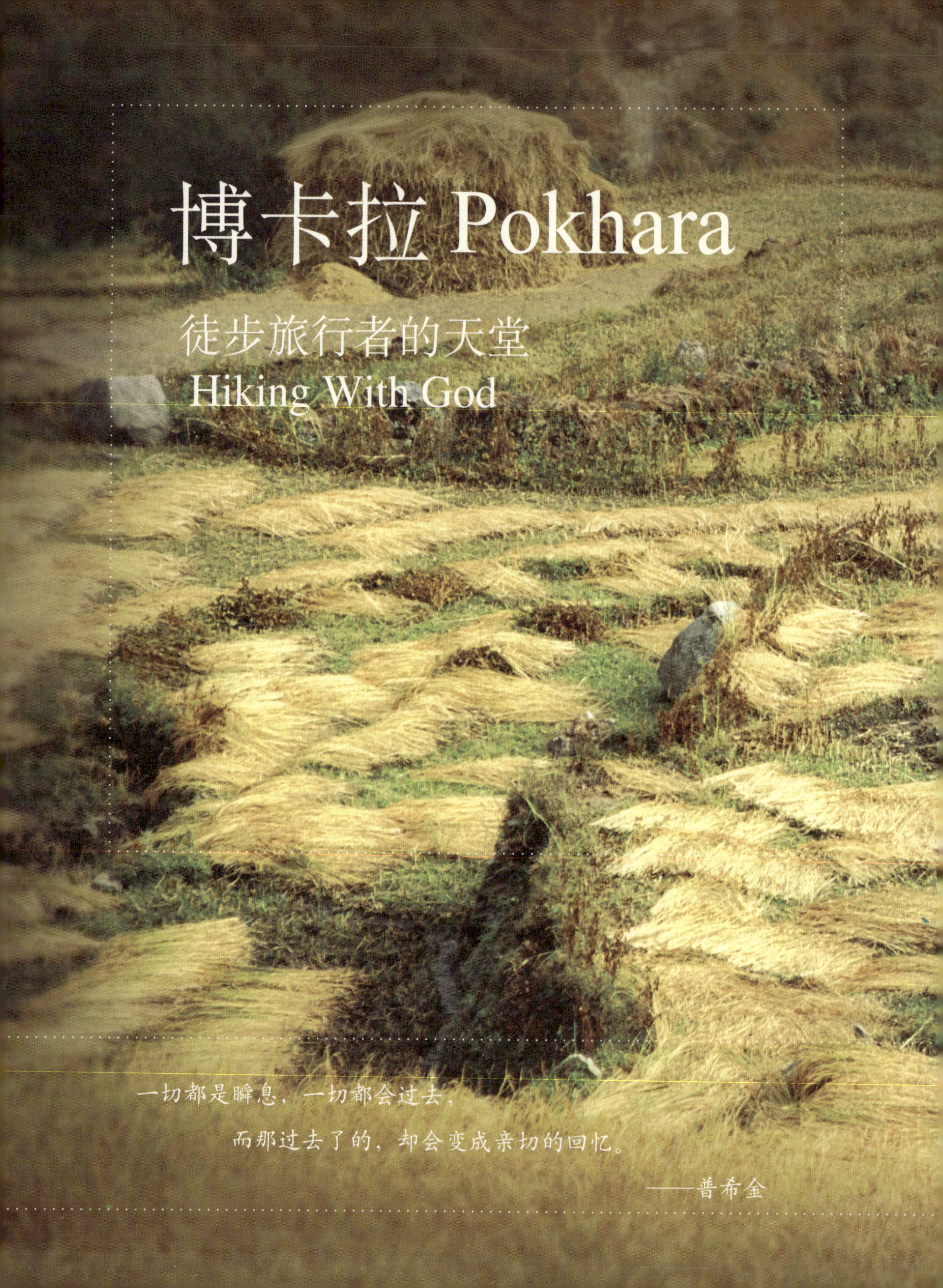

博卡拉 Pokhara

徒步旅行者的天堂
Hiking With God

一切都是瞬息，一切都会过去，

而那过去了的，却会变成亲切的回忆。

——普希金

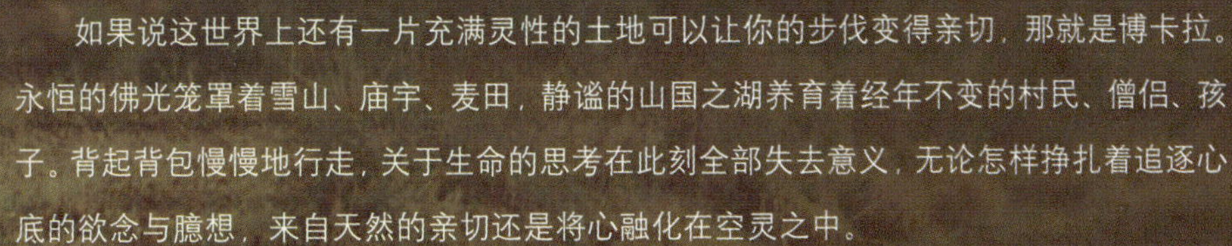

如果说这世界上还有一片充满灵性的土地可以让你的步伐变得亲切，那就是博卡拉。永恒的佛光笼罩着雪山、庙宇、麦田，静谧的山国之湖养育着经年不变的村民、僧侣、孩子。背起背包慢慢地行走，关于生命的思考在此刻全部失去意义，无论怎样挣扎着追逐心底的欲念与臆想，来自天然的亲切还是将心融化在空灵之中。

“徒步旅行”（trekking）在英文里为“艰苦跋涉”的意思，是最早源自欧洲阿尔卑斯山脉的一种流行的休闲方式。1956 年，著名作家韩素音受邀到加德满都参加国王的加冕大典。她与印度陆军上校文森特在雪山下坠入爱河。这段浪漫恋情演绎出了后来畅销各国的小说《The Mountain is Young》（《青山青》）。从此以后博卡拉这个美得让人忘情的地方，就被 hi-pi 们视为逃离工业和城市文明的“伊甸园”。

加德满都和博卡拉附近的徒步旅行线路有的需要两三天、一个星期甚至一个月，而有的则一天就能走完，比如 1592 米的莎林蔻。顺着费娃湖边小路健行而上，每个背包客几乎都被博卡拉恬静的农村气息所吸引。沿途感受印度洋暖湿大气，徜徉在耕作了几个世纪的梯田上，听淳朴友好的各族居民用英语向你打招呼，让徒步旅行变得有趣快乐。三四个小时后远望雄伟的安纳普娜峰，面对着叠嶂起伏、傲然矗立的山峦，没人不虔信这是造化的神迹！背衬着湛蓝辽远的天空，白雪冰川发出刺目的光芒。这些山峦被尼泊尔人称为“白色众神的宝座”。向下俯视博卡拉：褐色的谷壑中一片古朴稀疏的红砖农舍，一湖的山色云影妩媚动人。阳光是如此温暖，此情此景让人不想再挪动分毫。难怪余秋雨在他的书中写下：“喜马拉雅山为它挡住了北方的寒流，让天下的花树尽在南坡的阳光下灿烂。”

Pokhara

A knowledgeable tourist

城市历史： 公元1769年沙阿王朝征服了尼泊尔谷地三国，从此尼逐步趋于统一，并开始有年代准确、史料翔实的历史。9世纪50年代，通往加德满都的Tribhuvan Hwy建立起来后，从Terai和印度到尼泊尔才有了通路。博卡拉是直到19世纪70年代才通路。

地理位置： 位于尼泊尔中部喜马拉雅山南坡山麓博卡拉河谷上的城市，距加德满都市以西约200公里。

人口： 95000。

气候： 属热带海洋性季风气候，温暖湿润，降水丰沛，有明显的旱季和雨季。4到9月为雨季，每年的10月到次年的3月，气候干爽宜人。

交通： 上海—加德满都约5小时，拉萨—加德满都约2.5小时，香港—加德满都约4.5小时，台北—加德满都3小时。公路也可从拉萨乘吉普车经西藏边境樟木再到加德满都，尼泊尔的徒步区是国际性的，线路的设计和管理比较好，为保护景区，徒步区内没有公路、汽车和缆车，每个人都得靠腿走路。

住宿： 在费娃湖水坝区可以找到许多平价酒店，在徒步区内每隔一两个小时的路程就有一些住宿吃饭的地方。若是近距离欣赏费娃湖的雪山倒影，向您推荐Phewa Hotel（15美元/标准间+床），非常温馨，宁静。

INFORMATION

费娃湖（Phewa Lake）： 费娃湖位于巴士总站西南约三公里，群山拥抱，碧波荡漾，湖边的旅馆与餐厅，一间接一间长达千余米。可向北眺望海拔6977米的鱼尾峰。该山峰高耸入云，神韵天成。

瓦拉喜金庙（Varahi Temple）： 湖中央有一座瓦拉喜金庙，古树环绕，许多渔人或游客都会来此上香膜拜。

魔鬼瀑布（David Fall）： 瀑布日积月累造成奇特的深坑地形，但旱季时水量很小。

西藏村（Tashilling Tibetan Village）： 在魔鬼瀑布的对面，藏人会在此出售他们从西藏带回来的货品。

除此以外，还有色迪河峡谷、水帘洞、古董市场等值得一览。

当天色渐行渐暗，手电筒将蜿蜒的小路引到一个木屋客栈——长长的木制条案，雪白台布，金属盘里的尼泊尔白米饭——几个小时的行路让这一切变成了莫大的奢侈。当群山村落甚至整个天地都沉没在静寂的黑暗中时，烛光将身影映在手织地毯上，麻质窗帘随山风轻轻曳动，让人不禁想起那个神话：在混沌初开的远古时代，位于尼泊尔腹心的加德满都谷地（Kathmandu Valley）是一个群山环绕的大湖，景色秀丽，但却荒无人烟。一天，湖面生出一朵奇异的莲花，花蕊中散发的蓝色光芒照亮天空和大地。五台山的高僧文殊菩萨（Manjush）路过这里，大为惊讶，他犹如天降神力，挥剑于湖中，立时湖水奔涌，汇入了印度恒河，湖底显出肥沃的土地，人们开始移居此处，这便是我们脚下这片谷地的由来。

花环群岛 The Island Embroider By Flower Ring—马尔代[illegible]

“这里拥有最美的大海”，很少有一个海滩得到如此一致的赞誉；这[illegible]水清沙幼”景观，是在一段紧张生活过后完全放松自己的度假胜地。

最适合看落日的地方 The Best Place For Viewing Sunsetting[illegible]

远望山岩疑为泥土而垒，山上草木不长，阳光下一片金黄，无一丁点绿[illegible]，或若刀削峭壁，沟壑万丈。

观景篇

涛声依旧 Listen To The Waving Music—刘公岛Liugong [illegible]

未消。

站在刘公岛的制高点，凭海临风，涛声依旧，院落依旧，人却已非当年。

魔鬼城 Ghost City—诺敏Nuomin大风在风城里激荡回旋，凄[illegible]

耳朵听到的除了风沙声外就是单调的几点驼铃声。

看天气做生意 Weather And Business—冰酒店Ice Hotel世界上[illegible]这样一家Ice Hotel。[illegible]

它的生命也交由大自然决定——入冬时，它屹立不倒，到了春末，则随天气暖[illegible]融化。

After Being Born—蒙特利尔Montreal

叶是枫的前生，糖是它的后世；色是枫的前生，味是它的后世。蒙特利尔的美丽[illegible]

一切 尽搜眼底 To Be A Good Viewer

野径童岭水幽幽，此处观景自不同。

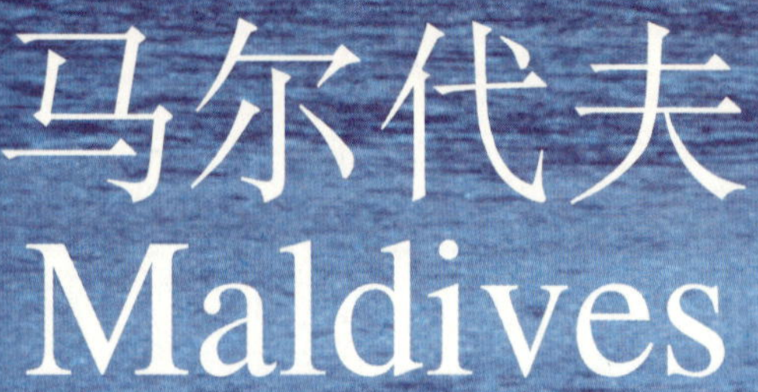

马尔代夫 Maldives

花环群岛

The Island Embroider By Flower Ring

在地球上最后一个乐园里，只有你和你的爱人，还有马尔代夫……

——当地旅游广告语

马尔代夫这个名字起始于公元150年，泛指位于锡兰西岸的岛屿。当时许多来自东非、阿拉伯国家的船只，在航行中发现美丽、宁静的马尔代夫有适宜停泊的港口，海水的美延伸到陆地，他们由暂时的停泊，变成了迷恋，从此再没有离开这座小岛。

一见钟情 天空之恋

想要欣赏马尔代夫，你一定要将自己升腾到天空中，因为只有在空中，你才能看到它的全貌，感受到它灵魂中的美。当飞机低低地飞过碧蓝的海面，翱翔于马列南、北环礁，无际的海面上，星罗棋布一个个如花环般的小岛，犹如天际抖落而下的一块块翠玉。小岛中央是绿色，四周是白色，而近岛的海水是浅蓝色、水蓝、深邃的蓝，逐次渐层，印度洋犹如一面蓝色的天鹅绒布，在蓝色天鹅绒布上，则缀饰着一串串的翡翠绿宝石。

Maldives

A knowledgeable tourist

地理概况： 印度洋上的群岛国家，由19组珊瑚环礁、1200多个珊瑚岛屿组成，其中202个岛屿有人居住。东北与斯里兰卡相距约640公里，北部与印度的米尼科伊岛相距约113公里。南北延伸800公里，地形狭长低平，平均海拔1.2米。是世界上最大的珊瑚岛国。

首都： 马累。

面积： 298平方公里。

人口： 26.7万。

语言： 官方语言为迪维希语，上层社会通用英语。马尔代夫语的书写被称为“Thaana”，从左向右写。

宗教： 伊斯兰教为国教。

货币： Rufiya（RF），又叫马尔代夫卢比。

气候： 热带雨林气候，炎热潮湿，无四季之分。日平均最高气温30.4℃，最低气温25.4℃，年均降水量为1600多毫米，日照时间超过2700小时。

INFORMATION

PADI： 英文Professional Association of Diving Instructors的简写，中文意思是专业潜水教练协会，在马尔代夫潜水都要出具PADI的潜水执照。

注意： 宽松的浅色纯棉休闲装、宽阔边檐的大草帽、墨镜及高标号的防晒霜是必备之物。禁止穿泳装在餐厅用餐。进入回教堂时要衣着端庄，并记得先脱鞋。

二见激情 海洋之恋

来马尔代夫，不拥抱海洋绝对是个遗憾，因为，在海洋中，你会听见自己与它的心跳声。

听过“乘风破浪”，真正将它化为动词来亲身体验时，是你惟一的答案。在坎尼岛，由于海岸线相当辽阔，相当适合做水上活动。对于有点怕水却又想享受一叶扁舟的感觉，风帆是最佳的入门。如果仅止于水面的接触还不够，你可以选择搭乘多尼船——这是一种从船体、帆桁、钉、缆绳到帆都取材自椰子树的“椰子船”，承载着当地原住民2000年与海相处的历史——到椰林遍地的无人岛浮潜，与鱼儿零距离接触，探寻最原始的海洋力量。在马尔代夫的水上活动都是安安静静地进行，没有水上摩托车的噪音与危害生态，只有悠闲地与海洋对话。

面对清澈到完全透明的海，你恨不能做一尾鱼，游在它的心里；或者是一片叶子，任意在海上飘；再或，做一粒沙子也行，懒懒地躺在像粉一样又细又软的沙滩上一天又一天。

三见真情 陆地之恋

除了海洋，陆地上的马尔代夫也很精彩。因为，人跟人的交流、人跟大自然的交流，如此深刻。阳光四射的白天落幕后，换上的是喧嚣、欢乐的黑夜。在法鲁岛、坎尼岛上，每个夜晚都有不同的主题，如果主题是沙龙之夜，不管男女都可以穿上沙龙，呈现出热带的风貌，从工作人员、厨师到欧洲客人，无不展现最美丽的姿态迎接夜的到来。隔天的典雅之夜，来往的客人又都换上了正式打扮，女性们戴上珍珠项链、抹上胭脂口红，摇身一变成了妩媚的小女人。

避开吵闹的人群，在海边随便选一个地方，把海天看成一条线，在星空下倾听滔滔不绝的海潮声，一波接一波，远处的海水深邃而莫测高深，天上的星星像地上的沙粒一样多，微风轻拂，叶影婆娑，没有酒精也会醉倒。

“这里拥有最美的大海”，很少有一个海滩得到如此一致的赞誉；这里还有麦兜所向往的“椰林树影、水清沙幼”景观，是在一段紧张生活过后完全放松自己的度假胜地。如果有可能，我觉得，马尔代夫应该是每年都要去一趟的地方，每年换一个小岛，也许就可以换一种度假的感受。

红沙漠
Red Desert

最适合看落日的地方
The Best Place For Viewing Sunsetting

落日照大旗，马鸣风萧萧。

——唐·杜甫《横吹曲辞》

"听说远方有一片红沙漠，凡越过的人都可以得到真爱；听说红沙漠里有一株青翠的仙人掌，可以治愈因爱心碎的人的伤；听说仙人掌上有一条变色龙，收集到它的眼泪可以让爱人回头……"

在人们发现红沙漠之前，这个故事已经在沙特及周边地区流传了千百年。红沙漠的土地上留下了不知多少寻爱人的脚印，现在我们则撵着他们的足迹去追寻落日。

在无边的大漠之中，汽车像是一只爬行的硬壳虫，远处沙丘上白色物体一晃，不知是死骆驼的遗骨还是干枯的胡杨树干。沙漠上的热风从车窗的缝里硬钻了进来，干热干热的，这是一个火的世界。

远望山岩疑为泥土而垒，山上草木不长，阳光下一片火红，无一丁点绿色，让人望而生畏。近看岩石斑驳，层层重叠，或竖石高低排列，碎石裸露，或若刀削峭壁，沟壑万丈，红色的沙土一铺万里，波波相连。

太阳渐渐隐去，耀眼的光环也散去，金色的光线如同溃败般撤退，凄美的夕阳不舍地把最后的裙裾拖过这片红色的沙漠海洋。从天际涌动出一股红流，缓缓袭来，吞噬着影幻中的一切，远处的古老城墙、流沙中的星罗帷帐、灰色的断壁残垣、偶尔奔驰而过的名车，突然间，这片红蹿到了你的眼前，刹那，天地融合，残阳如血，狂沙如血，光影如血。你忘记了时间，忘记了地域，忘记了自己，只剩下这血色的宇宙。

恍惚中，我仿佛看见王国的开国君主阿卜杜拉在浩瀚的沙海中高举弯刀，一袭白衣，身后万千阿拉伯勇士，纵马狂歌，东奔西突，一统沙特江山的雄姿。真不知怎么的，在这荒凉的沙丘之上，看着利雅得旧城的断墙残垣，夕阳西下，遥想当年英雄伟业，我竟没有想像中的悲怆之感。也许是没有凄绝的胡笳，哀怨的羌笛，也许是处在三洲五海之地（中东地处亚、非、欧三洲之交，地中海、黑海、里海、阿拉伯海和红海五海之地），雄视八方，豪迈之情油然而生，也许是这天色、这火红的夕阳，这里简直就是这个星球上光和热的源泉（沙特的石油储量占世界四分之一强）。

RedDesert

A knowledgeable tourist

地理概况：沙特阿拉伯的“无人区”是用来形容那一片片高达数10米的沙丘，和49℃左右的高温。于是头戴白巾，以骆驼为交通工具便成了阿拉伯的标准造型了。这里终年不下雨的天气已持续了好多年了。当地拥有世界上最大的油田，虽然石油带给他们丰富的生活，但他们还是非常怀念昔日游牧的日子，以及对回教的热忱，并以圣城麦加为荣。

面积：1960582平方公里。

人口：2200万。其中包括640万居住在该国的外国人。

语言：官方语言为阿拉伯语，通用语言为英语。

货币：里亚尔（Saudi riyal）。

气候：除西部沿海地区外，沙特绝大部分地区属亚热带沙漠气候，酷热干燥。夏季最高气温可达50° C以上。

INFORMATION

主要景点：

麦加哈拉姆清真寺：伊斯兰教著名圣寺，世界各国穆斯林去麦加朝觐礼拜的主要圣地。位于沙特阿拉伯麦加城中心，规模宏伟，从围墙到楼梯台阶以及整个地面都用洁白大理石铺砌，骄阳之下光彩夺目，气势磅礴。入夜，千百盏水银灯把禁寺照耀得如同白昼，显得格外肃穆、庄严。

沙特费萨尔中心：耗资3.2亿美元，地处市区繁华地段，包括办公楼、酒店、会议中心及附属设施在内的建筑群，占地5.5万平方米，主楼高276米，是利雅得第二高建筑，内装22部电梯，在25秒内游客就可以到达塔楼顶部一个4层楼高的旋转餐厅，然后一边享用美食，一边俯瞰利雅得全景。建筑中融入古埃及金字塔元素，这是英国设计公司佛斯特伙伴的创意。为应对炎热的热带沙漠气候，费萨尔中心拥有一套独特的冷却系统，能在一夜制成50吨冰，白天用冰为塔降温，周而复始，循环不止。在2000年落成那天，为一睹其迷人风姿，利雅得万人空巷。

打招呼：沙特阿拉伯人打招呼的礼仪很讲究，见面时首先互相问候，说：“撒拉姆，阿拉库姆”（你好），然后握手并说：“凯伊夫，哈拉克”（身体好）。有的沙特人会伸出左手放在你的右肩上并吻你的双颊。

法国作家列维·斯特劳斯对夕阳几近崇拜，他在书中赞美道："日落是一场完整的演出……这是过去十二小时之内所发生的战斗、胜利和失败的缩影"，"日落把人类身体难以摆脱的风、寒、热、雨种种现象组合在一起，组成神秘的结构，使人精神升华。"

太阳渐渐地隐去，大地依旧身披光华，四下一片肃穆，伟大的寂静笼罩荒野。

这是一天里最轻松的时刻。在这时，渔夫把小船紧紧地拴好，庄稼人扛着锄头顺着田堤回家，老牛在身后长长地叹了口气；在这时，非洲的猎手们正围着篝火歌唱，南美的牧羊人在归家途中，羊群中的小羊眨着眼睛好奇地看着西边的落日；在这时，放学的孩子们小鸟一般吱吱喳喳地归巢，全世界的母亲都在饭桌旁焦急地等待着儿女们回家。

太阳最后看了一眼这世界，走了。"照耀白昼的星球熄灭了"（普希金），黑色的幕布放了下来。

远处塔楼隐隐约约地传来悠远的宣祷声，穆斯林晚间的祷告开始了。

这就是红沙漠，不会浪费你一丝一毫对落日的崇拜和爱慕的地方。正如当地的沙特人所告诉你的："不同的人都会在这片红沙落日面前，留下不同的幻想。今后无论你走到哪里，这个幻想你一生都会藏在心中。"

刘公岛
Liugong Land

涛声依旧
Listen To The Waving Music

故垒萧萧大树凋，高衙依旧俯寒潮，
英名左邓同千古，折戟沉沙恨未消。

——陈实铭《刘公岛廨吊忠》

A knowledgeable tourist

地理概况：刘公岛位于威海湾口，距市区旅游码头2.1海里，乘旅游船20分钟便可到达。它面朝水云连天的黄河，背接湛蓝的威海湾，素有“东隅屏藩”和“不沉的战舰”之称。刘公岛北陡南缓，东西长4.08公里，南北最宽1.5公里，最窄0.06公里，海岸线长14.95公里，面积3.15平方公里，最高处旗顶山海拔153.5米。岛东碧海万顷，烟波浩淼，岛西与市区隔海相望。全岛植被茂密，郁郁葱葱，以黑松为主，多达2700余亩，1985年被命名为国家森林公园。1999年刘公岛被建设部命名为“国家文明风景区”。

岛上景点：中国甲午战争博物馆、甲午海战馆、国家森林公园、刘公庙等。

附属岛屿：

成山头：与韩国隔海相望，是观海休假的好去处。

海驴岛：有“海鸥王国”的美誉，每逢春季，海鸥来此产卵。

在中国沿海线属于弹丸之地的万千小岛中，恐怕再没有比鼓浪屿和刘公岛更著名的了，鼓浪屿是厦门人的至爱，它与郑成功有关，而刘公岛则是中国第一支现代海军的基地。当大清国北洋水师在刘公岛组建时，曾牵动了多少炎黄子孙的心，寄托了多少中国人的强国梦。然而，随着中日甲午战争的失败，北洋水师的覆没，刘公岛，则成了炎黄子孙的千古遗恨。

刘公岛东西长不过3公里，南北宽不过1公里，总面积仅有3.15平方公里。远看它似一条巨鲸，飘浮在威海城东。清朝诗人王兰生描写它是"烟火数十家，断连村落小，鸡犬声相闻，比邻共昏晓"。然而，这个小岛却有其独特的形胜——两山从南北两岸划了一个半圆，迤逦而来，至海则止，在威海城东形成一个硕大的宝镜似的内海，刘公岛正当其中，呈"二龙戏珠"之势。因而，刘公岛被史书称为威海卫的"东隅屏藩"。

到岸边去弄潮听浪，或许说是黄昏里刘公岛一种至情的享受吧。穿过一片茂密的小树林，走向小岛东南端一处高耸的峭岸时，远远地就有一阵轰鸣声不断传来。像遥远的林涛，像夏日的沉雷，像暴烈的骤雨，不绝于耳。任谁也不禁肃然了，静坐岸边探身俯瞰。只见脚下灰蒙蒙的海滩上，布满了狼牙犬齿般的礁丛。大海正卷起汹涌的潮水拍打上来。只听轰隆一声巨响，潮水化作一片雪白的浪花；随之，又是哗啦一声，雪浪纷纷扬扬退了下去。潮水就这样反反复复地卷上来，退下去，卷上来，退下去。这时，整个岩滩有如一口沸腾的巨锅，滔滔着奔涌的浪花；又似硕大无朋的键盘，激荡演奏着无休无止的音律……

风渐紧，涛声亦紧。忽然风满胸襟，情思逸飞。人生何幸，有这样的一场际遇。这潮水礁岩相亲相搏已亿万斯年，而且还将永远鼓荡下去，波涛不息，大海的生命万古亘新。是的，这浪涛声里有鸥鹭振翮翱翔的长鸣声，有世世代代讨海人的呼唤声，有爱国将领丁汝昌"事已如此，誓不独生"的高呼声。当年，他想必也曾在此临海听涛，抒一腔热血吧？时光荏苒，涛声依旧，院落依旧，人却已非当年，那些千古遗恨早已淡化为陈旧炮台上的斑斑锈迹和纪念馆内泛黄的照片。

只想涛声再久一些，它却逐渐地温柔下来，细细地，喃喃地，轻轻地摇晃着点点波光，如恩雅的歌，水草浮游、梦里依稀。

星星垂成夜的衣襟，远处渔火阑珊，星垂平野阔，月涌碧波流，听海听涛，半梦半醒……

诺敏 Nuomin

魔鬼城
Ghost City

长蛇游于乱石之间，苍狼啸于月明之夜。
枯草迎疾风不倒，黄沙挟碎石共扬。

——清·新疆巡抚袁大化

A knowledgeable tourist

历史成因： 属雅丹地貌，是经过长期风蚀而形成的规模宏大气势雄伟壮观的风蚀奇特景观。"魔鬼城"是地貌学上对风蚀城堡或风城的俗称。

地理位置： 位于奇台县城北部将军戈壁西北40多公里的卡拉麦里山地。

面积： 100多平方公里。

气候： 属中温带大陆性半荒漠干旱性气候。最大风力12级，年平均风速2.9米／秒。

交通： 到将军戈壁"魔鬼城"有3条道路：

从216国道的喀木斯特进入沙漠，东北方向行驶60公里；

从216国道的五彩湾进入沙漠，向东行驶70公里；

从奇台到青河的老公路259号路标处向西35公里。

在渺无人迹的"魔鬼城"听风声是种勇气，也是种遗世的绝美。

茫茫戈壁，旷世独立，眼前除了黄沙，还是黄沙。千百万年来，由于风雨剥蚀，地面形成深浅不一的沟壑，裸露的石层被狂风雕琢得奇形怪状：有的龇牙咧嘴，状如怪兽；有的危台高耸，垛堞分明，形似古堡；这里似亭台楼阁，檐顶宛然；那里像宏伟宫殿，傲然挺立。在起伏的山坡地上，布满着血红、湛蓝、洁白、橙黄的各色石子，宛如魔女遗珠，更增添了几许神秘色彩。

风不知道什么时候涌起，闪电或明或灭，土山的形状亦变幻不定，一切都在转瞬间，强风穿过风口，仿佛挟了千军万马，一路横冲直闯，遮天蔽日，奔腾而来。城不攻而破，风在城里激荡回旋，凄厉呼啸，如同鬼哭狼嚎，你捂不住耳朵，伴随光影刺入耳膜的不仅是风声，还有穿透心灵的不寒而栗。魔鬼来临，也就如此。

"魔鬼城"是有故事的，风声传诵的是他们的哀歌。

相传在很早以前有位将军率领军卒驼队，给远在西陲戍边的部署运送粮饷，当他们从准噶尔盆地的东缘戈壁穿过时，正值三伏酷暑，人马断水，焦渴难忍，突然发现了无边的湖海，便拼命追逐，结果被神秘莫测的海市蜃楼幻影引入戈壁深处，将军和他的队伍全部因干渴而殉难。那些死去的魂灵千百年来未曾散去，诅咒着这个罪恶的地方，风起的时候，就是他们在哭诉。也有人说：将军戈壁历来是古代战场，不知经过多少次战争。从将军到士兵，也不知道牺牲了多少人，白骨累累。时空迁延，金戈铁马已远去，回荡在这里的只有这凄厉的风声。

如果我们要向更远处去追溯，躺在这里的除了人类，还有数个世纪前的地球统治者——恐龙。在一亿多年前，这里是一个巨大的淡水湖泊，水中栖息繁衍着乌尔禾剑龙、蛇颈龙、恐龙、准噶尔翼龙和其他远古动物，这里是一片水族欢聚的"天堂"。当湖泊消失，戈壁出现，这些庞大生物永远地留在了那个世纪，我们只能在风声中浮现它们的身影。

人道：大慧不言，至恶无形。走到魔宫深处，断然是没有退路的。且就临风当歌，细细聆听，风沉寂的片刻，有几点丁丁当当的驼铃声飘然入耳，沁人心脾，魔也在此时悄然退去。

冰酒店 IceHotel

看天气做生意
Weather And Business

在从事创作的时候，没有什么是不可能的，你惟一的阻碍就是你的想像力，没有比人的创造力更伟大的事物了。

——瑞典雕刻家奥克拉松（Ake Larsson）

世界上有这样一家 Ice Hotel，由冰雕与白雪砌成，完全看天气做生意。它的生命也交由大自然决定——入冬时，它屹立不倒，到了春末，则随天气暖和悄悄融化。

来自大自然，经过人工雕塑，赋予生命，完成了自身的生命让世人微叹以后，最终回归自然。

乘着驯鹿雪橇去 Ice Hotel 是此行最好的开场白，铃儿响叮当，冰天雪地中，宛如进入了圣诞老人的童话世界。一路飞驰，雪橇在一个萨米人村落——Jukkasjarv 停下，这里聚集着一堆圆丘，准确地说应该是一个个巨大的冰雕，由内向外发出一道道蓝色的微光，这个神奇所在，就是 Ice Hotel 了。

这里所有的冰建筑都只有一层，最大的那一幢就是住宿的房间。酒店的大门是用鹿角和鹿皮装饰的，于冰雪的奇特外，带来野性和温暖的感觉。进门先是冰大厅，大吊灯将冰墙和冰柱子照得晶莹剔透；然后是长长的冰走廊，两旁是 6 排冰房间，每一间都带有建造它的艺术家的独特风格。每年，建造酒店的组委会都会邀请全世界著名的一些雕塑家到Jukkasjarv，根据各自的不同理念来建造不同风格的套房。他们的技艺和创造能够确保人们决不会在不同的年份看到两个相似的Ice Hotel。Ice Hotel中最令人惊叹的套房雕塑来自KaleVala，一个中世纪的英雄神话，后来成为了芬兰民族叙事诗的一个来源。房间里除了冰，没有其他材质用物，床是由雪铺成的，盖着驯鹿皮，有勇气的人的确应该在这儿住一晚。当第二天清晨醒来，发现自己安然无恙，那是多自豪而难忘的感受。一跃而起，享受旅馆准备的桑拿，洗去寒冷迎接新的一天。

在Ice Hotel内，有一间高10米、宽14米的酒吧Absoult Ice Bar。环绕四周，冰吧台、冰吧椅，最妙的是所有酒杯也是由冰做的。配上色彩缤纷的各种鸡尾酒，像这里最受欢迎的“冰中之火”、“北极之光”等，让人在不知不觉中饮尽杯中物。正因为如此，它曾两度被Newsweek周刊评为“世界上最绝妙的酒吧”。许多名人要员都曾经被吸引而来，如世界名模Naomi Campell、Kate Moss、摇滚乐队van Helen、爱尔兰总统及一些欧洲王室。

在醉倒之前，记得要抬头看看你头顶的那盏枝形吊灯——这是冰雕艺术家煞费苦心的杰作，除了贯穿各个小灯之间的钨丝之外，几乎整盏灯都是由冰块构成。在柔和而神奇的灯光照射下，尽情地品尝着酒吧里具有北欧情调的各种鸡尾酒。这些鸡尾酒，都出自最有经验的调酒师，他们擅长把不同度数的纯伏特加和产自瑞典原始森林和沼泽的各种野草莓，以及其他果子调配在一起。当然，所有的鸡尾酒都是被盛在冰杯子里端到你面前的。

除了参观神奇的冰旅馆，喜欢冰雪运动的人还可以参加当地丰富有趣的冰雪活动——驾驶雪地摩托车，就像007和成龙电影里的一幕，把摩托车放在滑雪板上，在空中飞腾；乘坐狗拉雪橇，十几只狗拉着雪橇飞驰在冰河上，穿梭在森林中，真是说不出的兴奋；像圣诞老人一样乘坐驯鹿拉雪橇，还可在萨米人的帐篷中享用一餐现做的萨米传统食品，有烟熏驯鹿肉Suovas、雪水煮的咖啡和特色面饼Gahku。此外，这里的冰雪活动还有滑雪、攀冰岩、冰钓、乘坐雪上直升机以及多种长途野外生存探险活动。

Icehotel

A knowledgeable tourist

建筑历史：Jukkasjarv为萨米人村落。萨米人约在一万年前的冰河时期完结后，已迁徙到该处居住。1989年，一群日本艺术家在此举办冰雕艺术展，并把所有的展品都留在了这里。1990年，法国艺术家在这里的一个圆柱形Igloo（用冰做的一个圆顶建筑）里举行了画展，当有游客问及，是否有可能在60平方米的画廊里过夜时，建造Ice Hotel的蓝图就正式形成了。1991年，瑞典著名企业家Yngve Bergqvist投资建造，由设计师Kauko Notstrom和雕刻家Ake Larsson设计制造。酒店内外至少用上了1万吨的冰块，全都来自世上最不受污染的Toune河。

萨米人(Sami)：又称拉普兰人（Lapps），是居住于北方极地的土著民族。

地理位置：Jukkasjarv村距离瑞典北部重镇Kiruna仅17公里。

面积：总占地5000平方米。

气候：冬季长而酷寒，夏季短而温暖。有极昼及极夜的现象。

交通：从瑞典首都斯德哥尔摩每天有航班、火车直达。到了Kiruna后，可乘坐巴士或taxi前往，还可以事先与旅馆联系，乘坐驯鹿拉雪橇而去。

地址：98191 Jukkasjarv Sweden

电话：46-(0)98066800

传真：46-(0)9806 -6890

网址：http:www.icehotel.com

电邮：reception@icehotel.com

INFORMATION

冰教堂：建筑师Arne Bergh和Ake Larsson根据当地建造的木结构教堂建筑风格，于1992年在Ice Hotel边上建造了Ice church，这个闪烁着冰雪寒辉的宗教纪念物吸引着许多好奇的游客，神坛、十字架、洗礼盘、烛台、讲道坛……都由冰块做成。独特的外部结构和让人心旷神怡的光影效果，使得每一位游客都能感受到强烈的神圣气息。

剧院：在Ice Hotel附近的Ice Globe Theatre，几乎是伦敦莎士比亚环球剧场的翻版，它能够容纳500名观众，但这里只用萨米语表演莎士比亚的哈姆雷特。

小木屋：如果在Ice Hotel的冰套房内找不到温暖的睡意，不要紧，Ice Hotel旁还另设有一些木制小屋，以照顾部分耐不住冰雪煎熬的房客。

桑拿浴：在冰天雪地的Toune河内的大木桶里洗上一个桑拿浴，绝对是一种特别的经历。

如果运气好，你还可以看到美丽神秘的北极光，只要有耐心就会过足极光瘾。据说看极光如看电视一样会上瘾！

在 Ice Hotel，冰雕给我们展示了一些互相冲突的事实：它们是短暂的，只留存现在，之后，会不可挽留地回归到大自然永恒的轮回中。所以 Ice Hotel 的生命只有 5 个月，从每年的 12 月到第二年的 4 月；所以每一年的Ice Hotel都不太一样。看天气做生意，卖的就是与众不同的体验与感觉，这是Ice Hotel的永生。

蒙特利尔
Montreal

枫的前生后世
The Story Before And After Being Born

如果将每座城市都比喻成某种动物，那么蒙特利尔就是一只鸟，羽毛艳丽，体态轻盈，眼睛明亮，安闲地浮在加拿大东部的圣劳伦斯河上。蓝得发绿的河水温柔地从四面八方将它环抱，风从海上吹来，犹如女神的呼吸，清新、湿润而芳香，它拂过一座又一座老房子，掠过一条又一条河流，在草地上打几个旋，然后停留在大片大片枫林的树梢，于是整个城市都倏地灵动起来。

夏天，蒙特利尔的羽毛是深深浅浅的绿，阳光从树林顶端的空隙射在草地上，印成疏朗明亮的斑点。清澈见底的湖水里游着鱼和孩子们；沿着山势起伏的街边上，几乎没有一幢房子是相同的，法式、英式、罗马式、希腊式、繁复的巴洛克式、有着夸张尖顶的哥特式，甚至还有类似中世纪古堡的城堡；当然也少不了现代建筑，在市区繁华地段，一座十字形高楼分明是低调的工业时代风格，设计师是贝律铭。这些风格如此迥异的建筑，就随意地散落满城，伴着大簇大簇的鲜花，镶嵌在一片绿树碧草之中，映着碧蓝的湖水、碧蓝的天，看起来有种说不出的和谐与舒服。

停车坐爱枫林晚，霜叶红于二月花。

——唐·杜牧

然而，只有当漫山的枫林中出现第一片淡红色的叶子时，这只名叫蒙特利尔的鸟才真正从睡梦中醒来，它开始迎着太阳一缕一缕梳理羽毛，所到之处，浓绿的树叶呼啦啦地变黄，变红，变紫。隔着一湾绿水远远看去，一株株的枫树就像一盏盏的霓虹，被季节的魔棒一点，就突然接二连三地亮起来，散发出比太阳还璀璨和耀眼的光辉，似乎只是眨眼之间就照亮了整片天地——这辉煌降临得太快，让人久久回不过神来。

日历刷刷地翻过，转眼就是深秋。蒙特利尔迎来生命中最灿烂的时光。明净无比的蓝天白云全成了衬托，满树、满坡、满山、满城都被浸没在色彩的海洋，粉红、洋红、橘红、朱砂红、砖红、大红、明黄、杏黄、橙、碧绿、浓绿、淡紫、玫瑰紫、葡萄紫、深紫……数不清的枫叶，没有一片是完全相同的颜色，它们重重叠叠，浓淡纷呈，是可以触摸到的诗，是可以看到的音乐，世界上任何一种鸟的羽毛都不及它的万分之一夺目，任何一幅名画都不及它的万分之一绚烂，一瞬间，我们所有关于色彩搭配的概念被颠覆得干干净净，不留痕迹。

Montreal

A knowledgeable tourist

地理概况：位于加拿大东南部圣劳伦斯（St.Lawrence）河与渥太华河交汇处，坐落在圣劳伦斯河及其支流环抱的蒙特利尔岛上，市区分布在岛上皇家山和韦斯特山上，距出海口约1000米，是依山临水、风光秀丽的古老山城，也是世界著名的小麦出口港，加拿大最大的集装箱港，世界最大的河港之一。

城市历史：1642年有法国移民在此定居，是世界上除巴黎之外最大的法语城市，故有“小巴黎”之誉称。

人口：330万，其中约有200万是早期法语移民的后裔，另100万则为英裔人、意大利人、犹太人及东欧人等。华裔人口约有55000人。

气候：春秋较短，夏季从6—8月；冬季从10月中旬到4月中旬。冬天气温有时降到零下30℃。

INFORMATION

圣安妮大教堂（Sainte-Anne-de-Beaupre'Basilica）：在1888年，教区内的教堂流传着曾发生过这样的奇迹：有3位正在做礼拜的教徒经过圣母玛利亚的雕像前，突然圣母的眼睛睁开了。从那时候起，数以百万计的朝圣者都往这儿聚集。在1960—1969年期间，还兴建了一栋八边形的教堂来接收这些新的朝圣者。就建筑而言，它的设计精致得彷佛一颗珠宝那么令人迷眩，拥有哥特式精美的彩绘玻璃。

圣若瑟礼拜堂（St. Joseph's Oratory）：这座宏伟的礼拜堂建于1924年，是北美洲最多信徒朝圣之圣地，它给建于1845—1937年，由祖父Brother Andre所建的，Brother Andre在此医治了不少伤残人士，据说教堂内所挂着的旧拐杖都是一些被医治好之残疾人留下的。教堂上盖是铜造的圆拱形屋顶，教堂内陈列着雕刻精致的十字架及苦像，Brother Andre's的遗体也葬于此。

奥林匹克公园：是1976年举行夏季奥运会的旧址，这座露天运动场以及其倾斜的塔台已成为蒙特利尔的一个象征，塔高约50米，是世界上第一高的斜塔，在天气好的时候，可以远眺80公里开外，您可以搭乘缆车到塔台的顶端，一览无遗地欣赏市区风光和圣劳伦斯河的迷人风景。园内经常举行贸易会及一些表演。

蒙特利尔公园（The Montreal Botanical Garden）：建于1931年，是世界第二大的植物公园，园内共有26000种植物，10间供展览的温室，30个室外花园，包括有中式及日本式花园，是喜爱园艺及花草人士之佳音。

皇家山公园区（Mont Royal Park）：建立于1870年的皇家山公园，占地101公顷，是蒙城最美的赏枫胜地。由设计纽约中央公园的著名设计师Frederick Law Olmsted规划，保留了皇家山最自然的风貌。公园内两座眺望台可一览全市的优雅美丽。喷泉公园（La fontaine）是皇家山地区最主要的绿地，公园占地40公顷，园内有两座人工湖，湖畔枫树围绕红黄枫叶，惹人心醉。沿着湖边还有散步道和单车道，很适合野餐。

徜徉林间，犹如在七彩云中漫步，闭上眼睛，似乎还能看到耀眼阳光下大片大片的色彩。偶尔有小女孩骑着单车在林间转来转去，阳光透过红叶，柔和的粉红光芒如同精灵，在她金色的发梢上，睫毛上，玫瑰色的脸庞上，以及湛蓝的眼睛里跳舞。

划一条小船，沿着河流赏枫是另一种情趣，变凉的湖水格外清爽和明净，五颜六色的枫叶像音符一样顺着流水漂浮旋转，镜子一样的水底分明摇摆着另一片枫林。冲动之下，脱了衣服一头跳进河里，水冷得彻骨，难免冻得人大喊大叫，身上激灵灵打着哆嗦，却又有种说不出的爽。

或者坐上装扮华丽的观光马车，游荡在旧城区繁忙的港湾口，夕阳古堡迎着漫山枫叶，伴着马匹颈上叮叮当当的铃声，是种繁华至极终归冷清的伤感。当马车远去，满地枫叶被马蹄带起，打着旋重又飘零，倒有“踏花归去马蹄疾”的凄艳与决绝之美。

冬去春来，残雪未融，正是做枫糖的好季节。

坐在马拉雪橇上的高高的草垛上，穿行在枫林间，看一只只挂在树干上接枫糖浆的桶，

很像漆树在“割漆”。刚刚流出的枫汁看起来就像水，如果说每种味道都有颜色，那枫液的味道就是“青色”的，凉、微甜，有薄荷一样的清爽感觉。

印第安人喜欢将枫汁和鹿肉一起煮食，据说这可以赋予他们强健的身体与明澈的心灵。而现在的加拿大人更喜欢将枫汁手工熬制成枫糖。将现熬出的枫糖糖稀缠绕在小棍上，然后在洁净的雪堆里滚几下，就变成棒棒糖的样子。一口含住枫糖，粘在上面的雪渣立即融化，然后便是甜，非常的甜，仿佛枫叶中那积淀了一季阳光的浓烈色彩一下子泼溅出来，一直融化到喉头深处。

叶是枫的前生，糖是它的后世；色是枫的前生，味是它的后世。蒙特利尔的美丽，就这样在前生后世中翻转轮回，像一曲一唱三叹的咏叹调，余音缈缈，在眼前心底，挥拂不去。

动物篇

与鲸共舞Dance With Whale ——凯库拉Kaikour

位于皮克顿和基督城中央的小城凯库拉是著名的观鲸胜地。这里是全世界最容易看到巨大抹香鲸的地方。

鸟的天堂 The Home Of Birds——库什湖Kuscenneti

观鸟之乐，在于这些飞翔的精灵所展示的美感，在于体验人与自然生灵的和谐共存。在库什湖，两者皆可。

触摸海底生物Touch The Creatures Below The Sea——大堡礁Great Barrier Reef

“人类是亲水的生物”，在大堡礁说这句话是再合适没有了。最能亲近野生动物的地方

Be Closer，Baby—马赛马拉Masai Mara

就像其他的野生动物自然保护区一样，马赛马拉是茫茫荒野，白天走进草丛，说不定就与一只慵懒的狮子撞个对头。

它们的空间越来越小，以至于我们只能在这里看到它们。

人类的近邻们 Animals：Our Friends

凯库拉 Kaikour

与鲸共舞

Dance With Whale

“不只是带你去赏鲸而已！我更想让你去见证我们的环境之美！”

——当地自然解说员

位于皮克顿和基督[illegible]小城凯库拉是著名的观鲸胜地。这里是全世界最容易看到巨大抹香鲸的地方，而且，观赏活动不受季节的限制，是全球惟一可以全年观鲸的地方。

这个不大的半岛，坐落在新西兰风景如画的南岛东海岸。由南方来的寒流与北方来的暖流在这里会合，形成上升暖流，栖息在深海中的各种海洋生物追随着这股暖流一起来到了浅海，使得鲸鱼和海豚把这里当作最佳的捕食地点，因而大量聚集在这里。跟随当地的观鲸团，就可以乘船出海追逐鲸鱼的踪影了。运气好的话，在航程中还有机会欣赏到珍稀的海豚、海豹、海狗等动物。在陆地上看起来笨头笨脑的海豹，在海里可一点也不含糊，借助海水的浮力，它们胖乎乎的身体出奇的灵巧。鲸鲨从水里露出了身影。这种体型最大的鲨鱼，性情却非常温柔，它安静地随波逐流，寻找水母和海藻作为食物。可能已经见惯了飘在身边的游船和游人，和平相处是它的行为准则。

Kaikour

A knowledgeable tourist

地理位置：位于新西兰基督城北面，太平洋半岛上。

气候：气候温和，四季差别不大明显。

货币：新西兰元（NZD），信用卡的使用非常普遍。

语言：官方语言为英语，毛利语在部分地区也很通行。

交通：现时到新西兰的中国公民，一般都由个别旅游单位组织，以团体形式成行。可先乘机到基督城，从基督城可搭巴士、火车或计程车前往。

INFORMATION

1. 抹香鲸是世界上潜水最深的哺乳动物，它有时甚至可以下潜到海底2000米。每两个小时左右，它们就会浮出海面换气。换气时间，也就是人们观赏的时间，一般会持续10到20分钟。作为鲸类家族中体形最庞大的一种，雄性抹香鲸的身长可达20米，体重重达30至50吨，雌鲸可以长达12米，体重也能达到40吨。它们的寿命一般是50至70年。

2. 生态旅游当然生态第一，环保先行。观鲸事宜可以和“鲸鱼观看中心”或凯库拉野生动物中心联系，但不要接受“与濒危动物海克特海豚同游”的邀请。因为这种做法是导致这类海豚迅速灭绝的原因之一。

最激动人心的，当然还是鲸鱼。声纳探测器显示报告了鲸鱼的到来，观鲸船停了下来，随着海流慢慢漂，全船的人都屏息以待，谁也不愿错过鲸鱼出水的瞬间。

碧海蓝天之际，一条抹香鲸的身影显现出来，优美的流线体型，紧致光滑的皮肤，就如一位美丽的少女，翩翩起舞在太平洋的万顷碧波之间。翘首以盼的人群发出短暂的欢呼声，但很快就安静下来，生怕打扰了这位精灵的海洋之舞。而这位出色的舞蹈家，也确实用它优雅的舞姿征服了船上慕名而来的观众。它曼妙的舞姿，轻灵而自由，头顶不时向空中喷射水柱，像在向世人宣告：我就是海洋的宠儿。鲸在海面上漂游呼吸十几分钟以后，纵身一跃，把尾巴高高地翘出了水面。懂行的人告诉我们：“这个动作表示，这只鲸要到两个小时以后才会再出来换气了。”

凯库拉，即毛利语“吃龙虾”。除了观鲸，这里还是品尝海鲜的好地方。路边摊点上，满是刚从岩石海岸附近打捞上来的鲜活龙虾，在金色的夕阳斜晖里等候出售。旅游是这个小镇的经济支柱，鲸鱼和其他海洋生物，给当地毛利人带来了源源不断的收入。

作为新西兰的原住民，毛利人深信，他们的祖先派凯亚就是骑在鲸鱼的背上来到这片海岛的，因为他的独木舟翻覆，被鲸鱼救了起来。因此，除了物质上的依存关系，鲸鱼的身影，也时时游弋在毛利人的精神世界里，在他们的生活中占据着重要位置。

年轻的毛利导游会耐心地指点游客如何辨别鲸鱼的种类“识别鲸鱼种类主要是看它的喷水形状。抹香鲸是鲸鱼中的潜水冠军，能把深海里的大章鱼捉上来。虎鲸，像大海豚，白白的下颚，锋利的牙齿，它才是海中之王，除了人类和它自己没有敌人，它甚至能冲上海滩叼上海豹又回到海里。”这里的人熟稔鲸鱼的一切。

这种毛利民族和鲸鱼相互依存的情节影片，激起了艺术家们的创作激情。《鲸鱼骑士》的原著作者维提回忆道“有一只鲸鱼游进了哈德逊河，而且还在喷水，这让我想起了家乡和当地的鲸鱼神话故事。”

《鲸鱼骑士》还只是民族记忆的书写，而另一部蜚声世界的影片《碧海情深》，则表达了人类对于海洋深处的集体记忆。当主人公和他的鲸鱼朋友一同消失在大海深处时，从心底涌上的竟是一种渴望和羡慕。也许因为母体来自大海，那一抹蔚蓝，对于人类来说，代表了未知，同时也代表了发自天性的眷恋，代表了对纯净的向往。而鲸鱼，海洋的代表，在凯库拉的海面上自在游弋。它轻松地来往于二者之间，洋面和海底深处，这是人类还不能跨越的阻隔，但却是生活在这里的海洋居民的精彩世界。

库什湖 Kuscenneti

鸟的天堂
The Home Of Birds

在人类的梦想里，总有一个自由的梦想——像鸟儿一样自由飞翔。

——《迁徙的鸟》导演雅克·贝汉

在很多人看来，去土耳其的旅行必然是热烈而沸腾的，甚至于是喧嚣而嘈杂的。博斯布鲁斯海峡横切欧亚大陆，帝国皇宫富丽堂皇，清真寺里满是做礼拜的教徒，还有散发着浓郁香味的烤肉，灯光下热烈奔放的肚皮舞，伊斯兰女子幽深的眼眸和精巧的鼻梁——像极了一部好莱坞经典电影。对了，还要注定邂逅一段狂野的异国恋情。

这样的想像，是因为这个地处欧亚交界的古老国度，有着太多的热力。土耳其的前身，是强大的奥斯曼帝国，星月弯刀和铁骑兵团曾横扫亚欧大陆而所向披靡，在鞑靼语中，土耳其意为"勇敢者的国家"。如果再进一步追溯的话，土耳其的发音来源于"突厥"，一个骁勇善战的民族。

但在观鸟胜地库什湖，你会发现，喧腾不是土耳其的全部。

偌大的湖面周围，栖息着几百种鸟类。湖光潋滟，澄澈如镜，不时有飞鸟从水面掠过，优美的身姿倒影在湖中。库什湖的音响，是鸟鸣和着清风的低吟浅唱，是最自然天成的班德瑞交响。

库什湖又称"鸟湖"，是土耳其惟一的鸟类野生动物园，一个不折不扣的鸟的天堂。这里的鸟类中，最常见的是苍鹭、小白鹭、鸬鹚、鹈鹕等。库什湖的辽阔水域里畅游的鱼虾、甲壳类、软体动物给鸟儿们提供了可口鲜美的食物，丰美的草滩，则是它们修筑家园的好环境。

Kuscenneti

A knowledgeable tourist

地理概况： 土耳其位于亚洲西部和欧洲巴尔干半岛东隅，是地跨两洲的国家。97%的领土在小亚细亚半岛上，和格鲁吉亚、亚美尼亚、阿塞拜疆、伊朗、伊拉克、叙利亚接壤。在巴尔干半岛上和希腊、保加利亚为邻，北、西、南部分别濒临黑海、爱琴海、地中海。面积779450平方公里。海岸线长3518公里。

首都： 安卡拉。

人口： 6160万。

宗教： 伊斯兰教。

语言： 土耳其语，英语在旅游区十分流行。

货币： 里拉。

气候： 沿海地区属亚热带地中海气候，温和宜人；内陆高原属热带草原和沙漠型气候，温差极大、干燥。

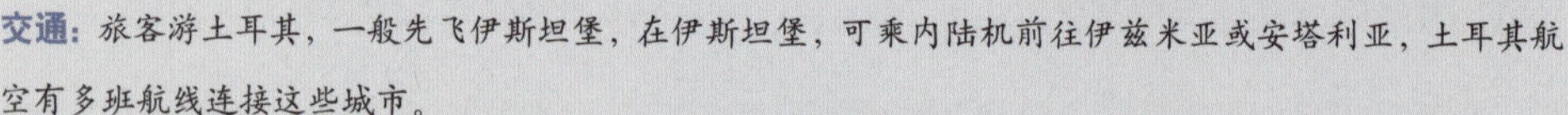

交通： 旅客游土耳其，一般先飞伊斯坦堡，在伊斯坦堡，可乘内陆机前往伊兹米亚或安塔利亚，土耳其航空有多班航线连接这些城市。

购物： 土耳其是购物天堂，最受欢迎的商品是地毯，此外还有皮毛制品、铜或青铜像、银器、陶瓷器、手工艺品、刺绣产品等。

签证： 持特区护照及BNO，均可到埠后在海关领取即时的旅游签证（俗称落地签证），费用约20美元。

INFORMATION

阿泰密斯女神庙： 世界七大奇迹之一。阿泰密斯是希腊神话中的月亮和狩猎女神。2500多年前，小亚细亚的吕底亚国王克里苏斯（公元前560年—公元前546年在位）为这位女神在以弗所（现在土耳其境内）修建了一座神庙。神庙建成后约200年，被一场大火烧掉了。后来重建，公元262年哥特人入侵时，又将神庙烧毁，以后再也没有重建。

摩索拉斯陵墓： 世界七大奇迹之一。摩索拉斯为2300多年前土耳其国王，他死后，王后请来当时最优秀的设计师和雕刻家，为他修建了这座陵墓。陵墓呈正方形，四周长125米，立有36根圆柱。墓顶上有一座小金字塔形的建筑，有24级台阶，最上端有大理石雕刻的四匹马拉的战车。这座雕刻精美、设计风格独特的建筑，在一次地震中遭到毁坏。

此外还有奥古斯丁神殿、亚罗瓦温泉、特洛伊城遗址、世界奇特景观卡帕多奇亚和棉花堡等景观。

观鸟提示： 到野外观鸟要穿素色服装，避免惊吓到鸟类。

观鸟的目的在于亲近自然而不是打扰它们，不要大声叫喊，交谈也要尽量放低声音。

当野鸟已经摆出警戒姿态时，不要强行接近。

库什湖湖边地滑，最好穿不易打滑的鞋，带好水和食物，并记得带走垃圾。

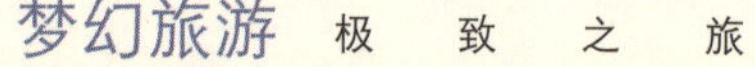

春季是库什湖最生机勃勃的时候。回迁的候鸟经过了一段时间的休整，一副精神抖擞的样子。正是繁殖的时节，鸟儿们都在忙碌自己的终身大事。不同种类的雄鸟发出的求偶召唤在库什湖此起彼伏，雄鹈鹕张开翅膀在空中跳着八字舞，标志性的淡黄色大皮囊已经全部变为鲜艳的橘红色，扁平的大嘴上下敲击，发出急促的响声。长达40厘米的大嘴在平日里是鹈鹕捕食的利器，但在这里，它们是雄鹈鹕唱出的高亢情歌，谁的歌声嘹亮谁就最有可能赢得佳人的青睐。

据说鹈鹕喂养雏鸟的方法也很有趣。为了让雏鸟吃到营养丰富又便于消化的食物，亲鸟在捕到鱼之后并不是吞下肚里，而是储存在粗大的喉囊里。回到巢中再张开大嘴，让雏鸟把整个脑袋都伸进去吸取半消化的鱼肉。

求偶，哺育，对幼儿的呵护，千百年沿袭的本能。鸟儿和人类一样，有着相通的情感。

观鸟之乐，在于这些飞翔的精灵所展示的美感，在于体验人与自然生灵的和谐共存。在库什湖，两者皆可。

湖面上是一幅活灵活现的百鸟图：野鸭，大雁，千鸟在浅岸戏水，一两只鹤独立寒秋，像是陶醉在这片天堂乐土的安逸自在中。而在远处的天际，一队天鹅振翅飞过。它们个个都有着修长的脖颈，如贵妇般雍容高雅。沉醉库什湖，你会知道，土耳其静谧的一面，是如此温婉，如此动人。

大堡礁
Great Barrier Reef

触摸海底生物
Touch The Creatures Below The Sea

陆地的风光早已不再让人满足了，占到地球三分之二面积的海洋却还有着无数的美景等待着人们的探寻。

——约翰·朗格尔

“人类是亲水的生物”，在大堡礁说这句话是再合适没有了。大堡礁是全世界最长最大的珊瑚礁群，纵贯蜿蜒于澳洲的东海岸，全长2011公里，最宽处161公里，南端最远离海岸241公里，北端离海岸仅16公里。在落潮的时候，会看到一些珊瑚礁露出水面，点缀成美丽的珊瑚岛。

在礁群与海岸之间是一条交通海路，常有游船悠游其间，绚烂的海底珊瑚景色在船上可以一览无余，又有鱼群穿梭往来，构成一幅极美的景致。乘坐游览潜艇也是一种不错的选择，犹如在一条透明大鱼的肚子里和鱼群共舞。

从北昆士兰州的城市凯恩斯可以选择不同的岛屿和路线去看珊瑚礁。真正到了大堡礁的游船码头，很多人是通过交通海路上的玻璃游船来领略海底世界的奇观，但这可是体会不到大堡礁美丽的真谛的。无论是资深的潜水员还是业余的潜水爱好者都会告诉你说，大堡礁真正的乐趣就在于潜水。

即便是旱鸭子也是可以潜水的。在大堡礁，有专门的教练为那些有意潜水的游客进行辅导讲习，指导他们穿戴上一整套的专业潜水服，在1.5米水深的平台上背着氧气桶练习水下呼吸。这也是对体能的挑战，要知道，心脏不好的人可是无法完成这项练习的，也自然失去了难得的在这片世界最美丽的海底进行潜水的机会。

等准备工作全部就绪之后，潜水者会一个个地顺着一条铁链缓缓降落到海底。大堡礁的海底是一番与陆地迥然不同的景象，初次下水的人往往都会兴奋得难以自抑。蔚蓝色的海底世界透着温暖而朦胧的阳光，多种样貌的热带鱼类在这样朦胧的光线下呈现出无数种绚烂的颜色，这颜色又在水波的荡漾中飘忽闪烁，如同一朵朵凝固的焰火在混沌的世界里悠游不定。一簇簇的珊瑚礁盘踞在神秘的海底，有如奇异的树林，或者层叠的凝固的云彩。这里是完全不同的另一个世界，并不属于人类，那些奇形怪状的鱼儿全然不把潜水而来的访问者放在眼里，一条条、一群群地从人们身边游过，仿佛生活丝毫也没有受到打扰，仿佛这些来访者根本就不存在。只有蛇一样的海鳗不时从珊瑚礁的缝隙里探出头来，好奇地窥探突然而来的这些吐着气泡的形体巨大的生物，不过也并不介意，看一看也就罢了，然后又缩回头去，继续以往的一成不变的生活。

GreatBarrierReef

A knowledgeable tourist

大堡礁：是澳大利亚东北海岸外一系列珊瑚岛礁的总称。它纵向分布在离岸16—240公里的珊瑚海上，大致沿昆士兰海岸断续绵延2000多公里，包括约3000个岛礁，分布面积共达34.5万平方公里，是世界上最大的活珊瑚礁群，被誉为“世界第八大奇观”。1981年，联合国教科文组织将大堡礁作为自然遗产，列入《世界遗产名录》。大堡礁地处昆士兰州以东，南回归线与巴布亚湾之间的热带海域，南北长约2000公里，东西宽20—240公里，包括上千个珊瑚岛礁和沙滩，是世界上规模最大、景色最美的珊瑚礁群。令人惊奇的是，在大堡礁的400多个珊瑚礁群中，竟有300多个是活珊瑚。大堡礁是进入澳洲大陆的大门，像堡垒般卫护着陆地。当詹姆士·库克于1770年首次发现它时，这位老练的大航海家也搁浅了。原来在这世界第一大珊瑚礁间，只有10个口子适宜船只通行——真是又美丽又惊险呵！

大堡礁由无数的珊瑚礁岛组成，这些礁岛有的露出海面几米或几百米，岛上绿意盎然，缤纷媚态，热带风情，艳丽明媚。有的半隐半现，形态奇异，意境美妙，诗情画意，想像无限。有的隐在海中，千奇百怪，五颜六色，珊瑚和鱼儿共舞，充满浪漫色彩。

据统计，大堡礁中露出水面的珊瑚岛有600多个。其中，人们在17个岛上建立了最豪华的观光度假设施，还有飞机通航。

无数人做过关于树顶小屋的梦：爬上软梯，靠着木板钉成的墙壁，小小的窗外是浓密的树冠，风吹过，传来一片沙沙的声音，无论看书还是小憩，只要想想自己现在正躺在一棵大树高高的枝桠上，便满心都是绿色的幸福。如果树下还有羚羊和斑马转来转去，会有猴子不时来窗前问候，那简直就是生活在童话里了。

Take my tips 信不信

INFORMATION

主要的观光点有鹭岛（HERON）、费兹莱岛（FITZROY）、费沙岛（FRASER）、大凯裴岛（GREAT KEPPEL）、绿岛（GREEN ISLAND）、汉密顿岛（HAMILTON）和海曼岛（HAYMAN）等。

堪恩斯（CAIRNS）：位于布里斯班北面1700公里处，人口11万，有国际机场，交通便利，被称为大堡礁的门户。对一般来也匆匆、去也匆匆的游客来说，首先到达堪恩斯，然后再出海或住宿于珊瑚岛上，是到此一游之选。

如果时间、精力和经济都充裕的话，以堪恩斯为起点，自驾车向南一路观光，直到布里斯班是一种过瘾的游法。

到大堡礁游览，除了传统的海滨观光休闲节目之外，观景是最大的特色，且观景可以有海陆空三种方法。

所谓海，就是在海中观景。人们可以乘坐透明船底的观光船游弋于海中，透过船底欣赏五彩缤纷、千姿百态的珊瑚和鱼儿，也可以乘坐潜艇或亲自潜水至海中和珊瑚同游，和鱼虾追逐。所谓陆，就是在珊瑚岛上，一边享受着绮丽的热带风光，一边欣赏着珊瑚海的天堂美景。所谓空，就是乘坐直升飞机盘旋于空中，俯瞰纯白的沙滩、湛蓝透明的大海、郁郁葱葱的树木，犹如观赏一个巨大美丽的热带鱼缸。

马赛马拉
Masai Mara

最能亲近野生动物的地方
Be Closer, Baby

坐着汽车，扛着相机，我们来到大草原。看狮子猎杀，角马迁徙，鸟在天上飞，鱼在水里游。马拉草原，咸水湖畔，一个个美丽故事正在上演……

——《走进非洲》

无数人做过关于树顶小屋的梦：爬上软梯，靠着木板钉成的墙壁，小小的窗外是浓密的树冠，风吹过，传来一片沙沙的声音，无论看书还是小憩，只要想想自己现在正躺在一棵大树高高的枝桠上，便满心都是绿色的幸福。如果树下还有羚羊和斑马转来转去，会有猴子不时来窗前问候，那简直就是生活在童话里了。

在遥远的非洲，肯尼亚的马赛马拉野生动物自然保护区，正有一间这样的树屋，确切地说，这是一间搭在大树顶端枝桠间的一座三星级旅馆——"树顶"旅馆（Treetops Lodge）。

马赛马拉野生动物自然保护区是全肯尼亚最大、最受欢迎的国家公园，占地1800平方公里，与坦桑尼亚的塞伦盖提国家公园隔河相望。每年9月到第二年1月的野生动物大迁徙就在这两个公园之间进行。因此，这里简直成了野生动物的王国，很难同时看到的非洲五大兽：大象、狮子、豹子、犀牛和水牛经常在这里出没，而难以计数的羚羊、长颈鹿、河马、狒狒和狼则日夜在草原上徘徊。

早期的树顶旅馆就是些稍大的树屋，都是由木板钉成的，搭建在几棵大树权上，就像是小一些的"吊脚楼"。而当时的用途，主要是向派驻肯尼亚的英国军政官员以及西方探险考察人员提供观赏野生动物服务。后来越来越多的游人带着对野生动物的好奇与树屋生活的梦想，像潮水一样涌来，于是当地的人在树屋原址旁进行了大规模的扩建。虽然还是古朴的木房子，可因为规模太大，已经无法建在树上，只能竖起几十根巨大的木桩，将三层房子高高地顶起来，各层设有客房，两头有观景走廊，顶层宽阔的观景平台用来看草原落日是再合适不过了。总之，虽然有梅花桩之嫌，到底还保存了悬空的刺激和野趣。

就像其他的野生动物自然保护区一样，马赛马拉是茫茫荒野，白天走进草丛，说不定就与一只慵懒的狮子撞个对头；而每当夜晚降临，远处便隐隐传来低沉的吼声，而四周则到处是绿幽幽闪动着的眼睛。所以，游客一般由旅馆专车接到距离旅馆约200米处，然后在几位持枪工作人员的护卫下，经过专门通道走进旅馆，一旦进入房间，就再不能随便下来。出于保护环境和防火的需要，旅馆里不生烟火，所有食品均在接待站做好后运来，然后用微波炉加热，真正的不食人间烟火。好在与动物们带来的乐趣相比，行动管制与食物匮乏实在是件无伤大雅的事。

清晨，与古老的非洲大陆一起醒来的是各种斑斓的动物：羞涩的羚羊优雅地在湖边喝水，斑马悠闲地甩着尾巴在草丛间散步，狮子眯着眼睛匍匐在树阴下，旅馆后面有几个天然大水塘，鳄鱼与龟无声无息地沉沉浮浮，中间一片被芦苇覆盖的陆地，上面有成堆的鸟蛋，偶尔还会呼啦啦飞出一片叫不出名字的鸟儿。

MasaiMara

A knowledgeable tourist

地理位置：马赛马拉野生动物保护区和坦桑尼亚的塞伦盖提国家公园相接，位于东非大裂谷的边缘。距离那路比西南约260公里，搭狩猎旅行车约4小时可抵。

面积：1800平方公里。

气候：亚热带森林气候，气候温和，四季如春。

交通：北京直飞内罗毕的航班2004年10月份通航。北京至内罗毕的往返机票价格，7000—8000元人民币左右。目前，神舟国旅、中旅总社、国旅总社和华远国旅四家国内旅行社已有组团。

特别提示：赴肯尼亚的签证手续为3至5天，需提前做好准备。

INFORMATION

马赛马拉野生动物保护区：保护区内生活着95种哺乳动物和450种鸟类，是东非最大的动物保护区，也是世界上最好的野生动物禁猎区之一。每年8月份，上百万头角马和上十万头斑马、羚羊等都要从坦桑尼亚的塞伦盖提向肯尼亚境内的马赛马拉迁徙，与此同时有一批批猛兽紧随其左右，其迁徙过马拉河的场面甚为壮观。保护区内还住着部分游牧的马赛族人，可以参观他们以红土和牛粪混合建成的住屋，欣赏他们放牧牛羊的情景。

此外，别错过这里独有的游览项目：乘坐热气球升空，鸟瞰大草原和动物群。

坐在树顶上，将旅馆提供的食品托在手掌上，便会引来形形色色的鸟，和上蹿下跳的白尾猴与狒狒。不过这些动物俨然把自己当成了自家弟兄，取起食物来不仅毫无谢意，而且也决不客气，大咧咧的，夺了就跑。夜晚，当探照灯照亮楼下左边的一块空地，象群便蜂拥而至，争先恐后地用长鼻子将人们刚刚撒下的食盐送入口中。直到所有盐都吃光了，还依依不舍地用鼻子拱着地面，不愿离去。即使是久居于此的工作人员也无法解释这个传统表演项目的由来，反正食盐是种便宜的诱饵，尽管一直用下去就是了。让树顶旅馆出名的不仅是动物，还有女王。

1952 年 2 月，英国公主伊丽莎白为观赏野生动物而下榻树顶旅馆。谁想当晚便接到父王驾崩的消息。次年6月2日，伊丽莎白正式加冕为女王。肯尼亚人于是开始更大力地宣扬这个有趣的树顶旅馆，在他们看来，一个能让人从公主变成女王的地方总有些神奇的色彩吧？如今，在旅馆顶层还有块刻着“树上公主树下女王”的碑文供人拍照。

不久之前，一次雷击事件几乎彻底摧毁了建立在树上的真正树屋，让坐在树上与动物们亲密接触的梦想成为一个可能永远无法再现的童话。聊以告慰的是，桩子上的木房子还在，周遭的动物们依然欣欣向荣。每天清晨，都有鸟鸣叫早，而临近黄昏，动物们总要到旅馆边的小水池旁喝水，坐在房间里，几乎可以看清它们睫毛的抖动。

夜半，偶尔会有不速之客光临你的房间，如果在睡梦中发觉有只毛茸茸的爪子搭在肩上，那么几乎可以断定访客是只狒狒，而当一个斑斓的脖颈伸进窗口，那多半是只好奇的长颈鹿。它们出入我们的房间，如入无人之境，有时候难免吓得人惊声尖叫。然而，这也许正是我们要的亲密关系。

享受减肥快乐

柬埔寨Cambodia

爱美又爱玩，贪心的你当然想要更多。如果想二者兼得
同时，感受瘦身带给你的美丽惊喜！

炼狱之途

拉斯维加斯Las Vegas

拉斯维加斯的迷人气息吸引着世界各地的人们。在那
财的天堂；同时也是将近万名无家可归、饥寒交迫的流浪者的地狱。

被酒罐泼到的地方

托斯卡纳Toscana

希腊神话里，酒神是位头戴花环，身披藤萝的美
日日扛着酒罐子四处游走，罐子里清凛芬芳的美酒泼洒在哪里，
哪里的人们就有了狂欢的心情。也许，托斯卡纳就是被酒罐泼到的地方。

最适合垂钓的地方

普者黑Puzhehei

普者黑彝语是“鱼虾生长的地方”。镜子似的湖泊，一个连着一个。

最适合晒太阳的地方 日喀则Shigate

那里是最接近阳光的地方，空气因而透明；那里是最接近神明的地方，心灵因
往……那里，就是日喀则。

白色温泉——棉花堡Pamukkale

这是土耳其最著名的奇迹：水流将石灰质堆积起来，年复一年，居然垒成城堡一样的石灰石沉积
比最精巧的工匠设计的多层流水喷泉更为精巧，
人们可以躺进天然形成的水槽里，享受上帝赐予的温泉。

只能裸浴的地方天体村Le Cap d'Agde

华服束缚了人们的自

吃喝玩乐

To Be Libertine, Just For Once.

埔寨吧，在享受异国风情的

者心中，拉斯维加斯就是发

玩乐篇

吃喝玩乐，逍遥自在，人生如此，夫复何求？

柬埔寨 Cambodia

享受减肥快乐

Lose Weight, Come On

阔步天堂炼狱，活在人神间。

——《星洲日报》

《花样年华》的最后一幕：梁朝伟在一个荒凉得有点悲壮的废墟中，抚弄着一个荒芜的小洞，诉说内心的隐秘。那个令人震撼的地方就是高棉帝国最后的都城——吴哥。

45平方公里的范围内，坐落着40余处、600多座气势恢弘的古代建筑，这么大的吴哥，没有几天工夫是看不完的。租一辆自行车徜徉，停停看看之间，体验逍遥任我游的乐趣，一天下来，既喂饱了眼界，又运动了全身。

Cambodia

A knowledgeable tourist

国名：柬埔寨王国（Kingdom of Cambodia）。

面积：181035平方公里。

人口：约1330万。80%以上的人口信仰佛教。高棉族占全国人口的80%，其他主要有占族、普农族、老族、泰族、斯丁族。

首都：金边（Phnom Penh），人口约110万。

地理位置：位于中南半岛南部，东和东南部同越南接壤，北部与老挝相邻、西和西北部与泰国毗邻，西南濒临泰国湾。湄公河自北向南横贯全境。海岸线长约460公里。

气候：属热带季风气候，全年分二季：雨季（5月至10月）、旱季（11月至4月）。年平均气温24℃。4月份最热，高达40℃。

语言：高棉语、英语和法语，游客只要会英语就够用了。

货币：柬埔寨的通用货币是瑞尔（Riel），1000瑞尔＝约2元人民币，美元也通用，但是平时最好带一些瑞尔以便购买小物品。

签证：在北京、上海、广州的柬埔寨大使馆、领事馆就能取得签证，费用大约300元一个人。

航班：目前只有上海、广州和香港有直航金边的飞机，分别是一周两次左右，买往返机票比较便宜。

租车：moto表示租单人摩托车，一个导游可带一个人，6美元一天；toto指带后斗的摩托车，一个导游可以带两个人，10美元一天。

INFORMATION

金边王宫：建于1869年，面积约18公顷，王宫坐落在金边东侧，面对湄公河、洞里萨河、巴萨克河和前江汇成的“四臂湾”，是一座吴哥式建筑，分为曾查雅殿、金殿、银宫、舞乐殿、宝物殿等大小宫殿20多座。王宫是首都金边的象征，也是王国皇家盛典的地方。

吴哥城：也叫大吴哥，占地10平方公里，是高棉帝国最后一座都城，始建于公元9世纪，耶利亚拔摩七世（Jayavarman Ⅶ，1181—1215年在位）进行了扩建。

它的中央圣殿即巴扬庙（Bayou）有54座大小宝塔，中间一座巨大的宝塔高约43米，直径25米，每座塔的顶部都雕有象征国王的四面佛，各自向四方，并呈现出高棉式微笑，象征着王权至上和佛教神圣。

晨光雾霭中，神秘莫测的“高棉的微笑”若隐若现。它垂目注视着芸芸众生，气度端庄安详，一如佛陀的喜悦。由于佛殿的回廊四面连通，层层门框，便产生了立体画作的透视效果，光与影在其间变幻穿梭，恍若时空长廊。天女阿朴萨拉，轻盈曼妙地起舞在每个角落。红色的女王宫，得名于修筑者全部是女性，装饰浮雕几乎无处不在，遍布墙壁、廊柱、栏杆和基石，风雨侵蚀的红色墙面，写满当年的奢华。雕刻图案美仑美奂，不禁令人惊叹高棉王国的富庶强盛。

在吴哥窟，每个浮屠实际上就是一座圣山。回廊上精美的浮雕，神庙顶上宫殿式的建筑，让人只顾贪恋眼前的美景，忘掉了攀爬的劳累。佛语云：“救人一命胜造七级浮屠”，那么登七级浮屠可以消耗多少肥赘的脂肪呢？难于计算，却让人喜上眉梢。

洞里萨湖是中南半岛最大的湖泊，也是养育了柬埔寨世代人民的重要水系。高棉时代修建的水利系统完备而高效，直到今天，河水依然灌溉着两岸的万顷良田。从暹粒前往金边的船，就行驶在洞里萨湖上。目睹过王朝兴亡的洞里萨湖，今天的风景是来往行驶的游船，和漂浮水上的平民村落。

热带旱季的明媚阳光和干爽空气让人昏昏欲睡。围一块柬埔寨特有的棉布头巾，在舱顶找个空地一躺，就可以享受日光浴了。汲水的村童，对着满船游客热情地挥手，他们深色的皮肤，和暗浊的河水、热带的阳光一起，把游人的皮肤也点染成了古铜色，闪着健康的光泽。

金碧辉煌和贫困破败共存，是金边最真实的明信片。残旧和混乱处处可见，而米黄色的建筑洋溢着法国风情，让人看到昔日“小巴黎”的影子。金边的代步工具是具有柬埔寨特色的摩托和三轮车，司机据说个个强行、猛拐、急刹车，有“拼命三郎”的称号。步行，是游览金边的最好选择。赤道的酷热化为身上的汗水，几天下来，可以瘦好几圈。这样的旅游方法比任何减肥药都有效。

皇宫，是金边的灵魂。当地人说，柬埔寨历史上最辉煌富强的两个时代，一是吴哥王朝时代，二是诺罗敦时代，那时的柬埔寨，是整个东南亚最富有的国度。金碧辉煌的皇宫，就是当年风光的见证。皇宫的建筑群由高高的城墙围起，白墙黄顶，色调明快，是传统高棉建筑工艺和法兰西文化的巧妙结合。皇宫内最著名的建筑，是银寺。它因为大殿地板用5000多块银砖铺就而得名，里面的藏品，都是无价之宝：祖母绿玉佛，真人大小的金像，还有以《罗摩衍那》为主题的壁画，让人感受到曾经的灿烂。

漫步金边，还有个地方是一定要去的。河边两岸的餐饮一条街，酒吧、排档、餐馆林立，在热带慵懒的夜色中，微闭柔媚的双眼。不用担心饕餮对美丽的威胁，这里的美食口味清淡，很少有油腻的肉食，以各色蔬菜、水果和海鲜为主，让人大饱口福之际，还具有清洗肠胃的功能，其中添加的芳香植物，据说还可以美容。

桨声灯影里，清爽的夜风从河面吹来，安然享受着柬埔寨的民乐和美味，快乐的柬埔寨减肥之旅，就此可以画上一个完美的句号了。

爱美又爱玩，贪心的你当然想要更多。如果想二者兼得，那就去柬埔寨吧，在享受异国风情的同时，感受瘦身带来的美丽惊喜。在柬埔寨的旅程里，减肥也是快乐的。

难道这是通向炼狱之途？

——但丁《神曲》

如果你是在天黑之后，抵达拉斯维加斯，在通过一片荒凉的大地之后，大地的边缘突然出现一个金碧辉煌的不夜城，你一定会为这个特别的城市所震撼。是的，这就是拉斯维加斯，一个不可思议的人工化城市，世界赌城。

当沿着15号高速公路逐渐接近市区时，任何人的目光都会被那一幢幢高耸的大厦、五光十色的广告和霓虹闪现中一个触目惊心的大字——"Casino"（赌场）所吸引，甚至于在完全脱离日常生活的幻境中迷失自我。这里是全世界的娱乐中心，所有的城市设计都是为了尽情的享乐。

"赌"是拉斯维加斯的标志，到这里的游客，除了小孩之外，没有不去赌博的。无论是为观赏表演或是因商务开会而来，每个人都想赌一赌自己的运气，说不定会遇上幸运之神的眷顾。拉斯维加斯的赌场集中于The Strip与市区，不过，The Strip区的赌场以观光为主，同时结合主题乐园及华丽的旅馆，气氛较为轻松而市区的赌场则是真正的赌徒区。在拉斯维加斯，无处不赌：酒店、夜总会、餐馆、商场……甚至连机场的候机楼也有一排排井然有序的吃角子老虎机，让你还没来得及搁下行李就进了赌场。赌场24小时营业，终年无休，服务也是一流的，从美食、酒水、美艳女招待到擦手的热毛巾，一应俱全，方便至极。

有趣的是，这里的人们不把玩Casino称为"Gambing"（赌博），而只称"Gaming"（游戏）。来此"Gaming"的人都衣冠整洁，礼貌无声，没有想像中的剑弩拔张和血腥厮杀。

LasVegas

A knowledgeable tourist

城市历史： 1830年，西班牙的探险队发现此地，并将这地方命名为“Vegas”（牧草地）。1839年印第安人开始在此聚居。1855年，一批来自犹他州的摩门教徒移居到此。20世纪初，随联合太平洋铁路通达而逐渐兴起，1905年建市。30年代，内华达州决定使赌博成为合法的事业，此令一出，几乎在一夜之间，市区的赌场纷纷成立。拉斯维加斯的“赌城”之名也就此传开。

地理位置： 地处美国内华达州西部旅游城，位于内华达州东南角，西南距洛杉矶466公里。

面积： 市区面积142平方公里。

人口： 约100万。

气候： 气候干燥炎热，最热月为6、7、8月，气温可达38℃，凉爽的季节是10月至隔年1月。

交通： 新加坡航空有香港—拉斯维加斯直航航班，往返来回约合人民币8000元左右。

广州每周三五南方航空公司有直飞洛杉矶的航班（CZ327），可再由洛杉矶前往拉斯维加斯。

住宿： 拉斯维加斯有一宿万金的豪华旅馆，也有一般人都住得起的平价超值大旅馆，如Circus Circus旅馆。推荐在拉斯维加斯算是中型酒店的Paris Hotel，双人房约人民币850元起。

胡佛水坝： 从拉斯维加斯出发向东南方向行驶约40公里处，位于亚利桑那州的西北部。1936年水坝落成时，共和党领袖胡佛正在台上，水坝遂以他的名字命名。它是一座拱门式重力人造混凝土水坝。坝高220米，底宽200米，顶宽14米，堤长377米。这样巨大的水坝在世界上是不多见的，它宛如一条巨龙盘卧在大地上，显得十分威武。水坝建成后对工农业发展起着巨大的作用。因此它在世界水利工程行列中占有重要的地位。

黄石公园： 位于美国西北部，是世界上第一个原始公园，也是美国第一个国家公园。1972年设立公园，占地8956平方公里，相当于台湾省的四分之一。

科罗拉多大峡谷： 世界七大奇景之一，位于亚利桑那州的西北部，总面积达1100多平方公里，全长347公里，宽6至29公里，深1600米。

拉斯维加斯 Las Vegas

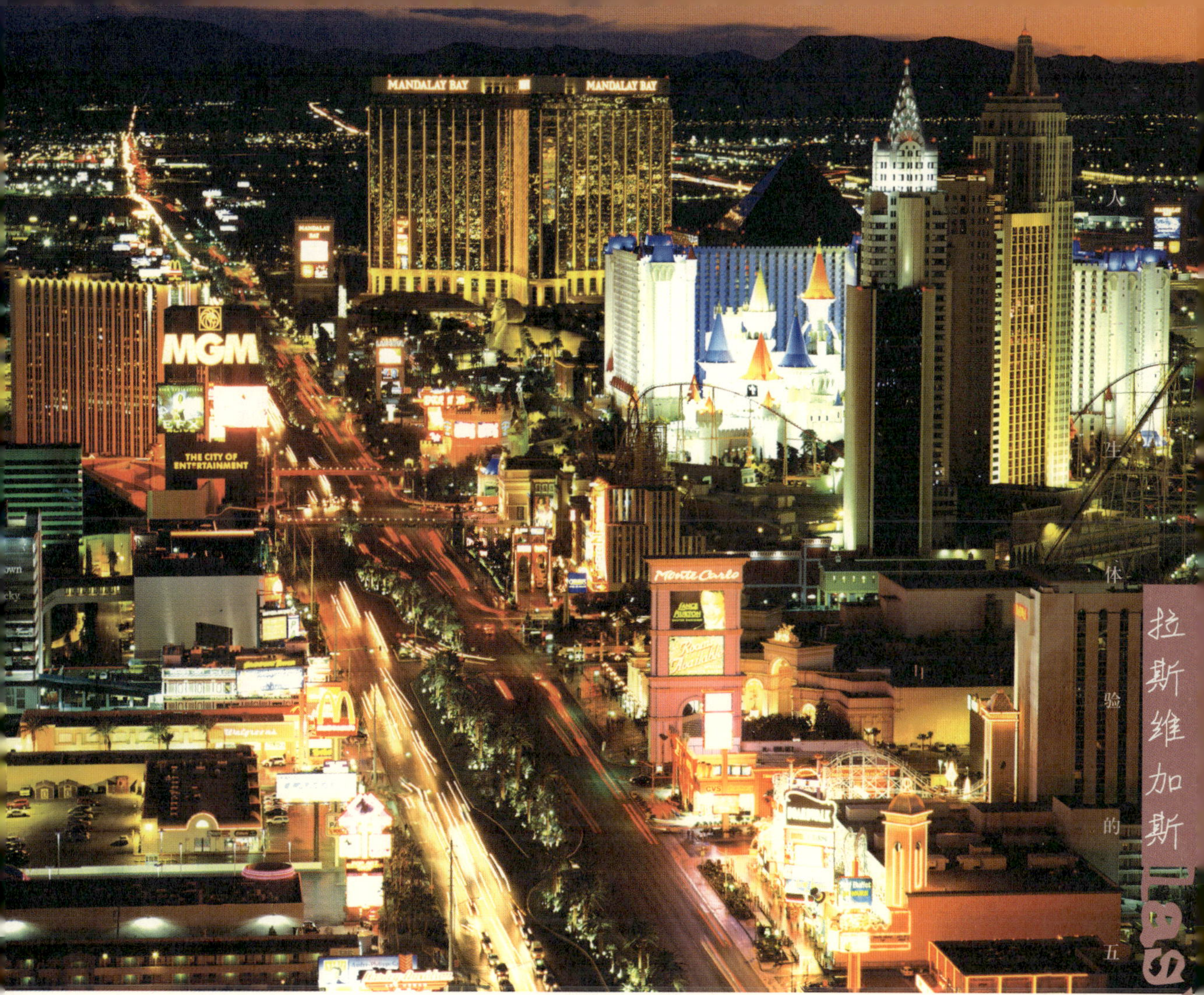

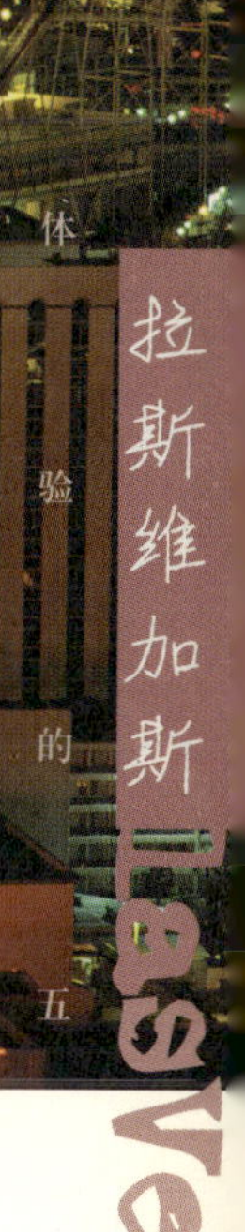

1981年9月9日，一条爆炸性新闻轰动了整个拉斯维加斯城，一个美国人用三枚硬币仅一天一夜就赢得25万美元。这消息为大赌窟增添了更诱人的神奇色彩，从此拉斯维加斯就成了人间的发财天堂。

越来越多的人涌到这里，然而，赌博并没有使他们暴富，却使拉斯维加斯“一夜暴富”起来，由总人口不过万来人的沙漠小镇，变为拥有100万人口的繁华城市。赌博是拉斯维加斯的经济支柱，它应该感谢所有的赌客，没有千百万赌徒参与，它早被沙漠淹没。而城内几万只“老虎”时时都张着大口，不吞掉赌客身上最后一枚硬币，它是不会好好睡觉的。

除了金钱，拉斯维加斯亦是权力与欲望的角力场。在那带点糜烂的私人会所内，晦暗灯光映照下的桌上舞者在扭动挑逗的舞姿，狂野得令人惊讶。如果有幸你的房间位于酒店最高点，还可以俯视整个拉斯维加斯的金光璀璨，让人不期然产生高高在上的权力感觉，鄙视浮华却又让人甘心为此而拼。

托斯卡纳 Toscana

被酒罐泼到的地方
Happy Drinking

当美酒与城市结缘，酒是有性格的，城市也是。

——德·尼罗普

希腊神话里，酒神是位头戴花环，身披藤萝的美少年，日日扛着酒罐子四处游走，罐子里清凛芬芳的美酒泼洒在哪里，哪里的人们就有了狂欢的心情。也许，托斯卡纳就是被酒罐泼到的地方。

除了佛罗伦萨精美的艺术，另一个让托斯卡纳人狂热和依恋的便是这里的葡萄酒。独特的土壤和高海拔的地势，加上地中海的微风，为托斯卡纳成为意大利最重要的葡萄酒产区提供了完美的自然条件。托斯卡纳葡萄酒据说因为有一种高贵的味道而与众不同，产自这里的Chianti酒风靡全球。

这里人人都是品酒的专家。他们对于葡萄酒的每一个细节都有讲究：酒因葡萄的产地、品种、采摘时间、酿造的酒窖、年份、酿制手法、储存时间而相去甚远，甚至连葡萄产在阳坡还是阴坡、土壤中粘土与沙土的比例、某年某地的天气这种小差别也能在最后的口味中表现出来；用某一瓶酒配什么菜、什么奶酪也是件极讲究的事。

这并不是一件麻烦事。意大利人喝酒的频率几乎比得上中国人用味精，就算是头骡子，相信也培养出了品味。甚至有人说，葡萄酒已经成了意大利人的血液，它无所不在，它让这个城市有了活力。

在佛罗伦萨大街金色的斜阳里，在翡冷翠的斑驳绿荫中，在河上的轻舟上，人们的桌上断不曾缺了葡萄酒；在歌剧院的休息室，在话剧中场时的吧台前，闲聊时，人人手里也会拿杯葡萄酒；在酒吧、餐馆里，伴着撩人的爵士乐，葡萄酒俨然就是主角。

虽然已经是电气时代，这里的许多餐馆仍然习惯在晚餐的时候点蜡烛，雪白桌布上摆着橄榄油、黑胡椒粉、葡萄酒，一切都是原汁原味。在幽昧的烛光中，菜一道道上来了，第一道菜是被大理石板压了近一年的生咸肥猪肉；而后是意大利式鲟鱼块；然后是蘑菇烩牛肋排……当你腆着微鼓的肚子，喝下最后一口酒，示意已经吃饱喝足了，餐馆所有的人都会回给你一个蔑视的神情，吧台前有人吼了一句：“是男人就得喝！放开肚皮喝！”

那是个酒鬼，你可以不必在意他的话，可你怎么能拒绝老板亲自为你加满的酒？酒酣人畅之后，你坐在出租车里，头在摇晃，车也在摇晃，然后你顺着司机嘴里飘出的酒气发现了车厢里喝了大半的Chianti Classico（当地一种中等葡萄酒）。你提心吊胆地拍拍司机的肩，好心地提醒：“警察不管吗？”司机回给你一个蔑视的眼神，“这里是托斯卡纳！”

有时候，很难说，酒与城市，谁成全了谁，谁浸润了谁，谁又感染了谁。只是，当城市与美酒间有了声气相投的默契，这个地方就变得异常洒脱而鲜活起来。

Toscana

A knowledgeable tourist

城市历史：托斯卡纳(意大利语为Toscana)的名称由伊特鲁里亚演变而来，伊特鲁里亚文明在公元前500年罗马人入侵之前，统治着托斯卡纳地区。中世纪的托斯卡纳地区，各个城市都是独立的。在不断的征战中，梅迪奇家族统治下的佛罗伦萨逐渐成为众多城市中最强大的一个。这里被认为是文艺复兴发端的地方，涌现出了以乔托、米开朗基罗、达·芬奇、但丁和拉斐尔为代表的一批杰出艺术家。

地理位置：位于意大利中西部，亚平宁山脉以西到地中海一带。

面积：22992平方公里。

人口：接近400万。

气候：春季平均气温15℃，夏季平均气温可达27℃，秋季温和干燥，平均气温16℃，年均降水量900毫米，冬季山区有降雪。

INFORMATION

佛罗伦萨：托斯卡纳大区的首府，它坐落在亚平宁山中部、阿尔诺河（Arno）河谷，四周环抱着丘陵。文艺复兴的伟大先驱诗人但丁、科学家伽里略、政治理论家马基雅弗利以及天才的艺术家达·芬奇、米开朗基罗、艺术巨匠多纳泰罗和菲利溥·利波等都在这里生活过。佛罗伦萨是文艺复兴的传统和艺术的宝库，整个城市保留着文艺复兴时的风貌，仍弥漫着文艺复兴的气氛。

佛罗伦萨有40多个博物馆、美术馆；60多座宫殿和许多大小教堂、广场，收藏了大量的优秀艺术精品和精美文物。

比萨：是意大利西部古城，是托斯卡纳区第二大城市，它位于阿尔诺河沿岸，距利古里亚海只有十几公里。著名的比萨斜塔就在此地。

锡耶纳：每年6月2日和8月16日，在锡耶纳举行的帕里奥传统赛马盛会是托斯卡纳最重要的节日。来自附近17个城镇和地区的选手在没有马鞍的马背上角逐，场面壮观。

普者黑 Puzhehei

最适合垂钓的地方
Go Fishing

水光重叠山景，湖里看山山更幽，倒景迷幻青岚，山里藏湖沉碧翠。

——清・孙髯翁

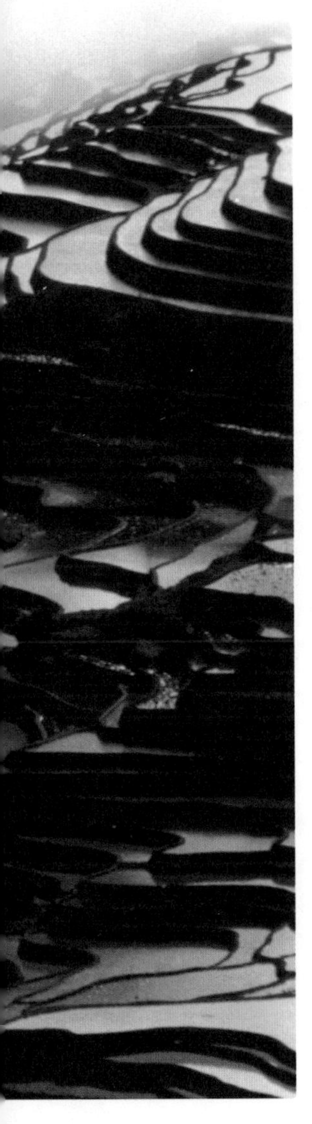

普者黑，一个听起来如此神秘和不可理喻的名字，仿佛巫师低沉的咒语，或是某个传奇人物，然而它的真身却是一片土地，而只有置身此处，放眼望去，才相信原来这刚健硬朗的名字背后，竟然是一派青山秀水、鱼嫩虾肥、荷叶田田的水乡景象。

普者黑彝语是"鱼虾生长的地方"。镜子似的湖泊，一个连着一个。夏季湖面铺满红红白白的荷花，穿红着绿的撒尼姑娘划着仅容两人的窄船采莲捉鱼。偶尔有肥大的鱼儿泼啦啦划开水面的声响，歌声也遥遥传来。

因为河流纵横，湖泊众多，岸边船上常常凝然端坐着戴草帽的渔人，多是慕名而来的钓客，不多时便看见钓竿以令人心仪的弧度弯曲，摇线甩杆，与一条完美曲线同时出现的，通常是条白亮的鱼儿，抖着尾巴，溅得人一脸水花。

若赶上雨天，湖光山色，烟雨蒙蒙。坐在伞下，看着涟漪，听着雨声，不时有鱼儿会跃出水面，这便是你大展身手的时候，只弄得一身雨水，满脸笑容，就像又回到了童年，等鱼篓满了，人也乏了，静静地坐下来，将心思泡在清幽的景色里，又别有一番情趣了。

湖边是村子，仍然可以拜访彝族身披宽大黑袍伏地作法的老"毕摩"，只是如今的祭祀与祈祷已经更接近表演。姑娘们喜欢用米酒劝客人喝酒，哄得人心里痒痒的舒坦。饭是农家饭，大碗的南瓜，煮的嫩苞米，烫的红豆汤，样样香甜。而小河虾、烤小白条与石巴子（均是河鱼）的美味，则足以让任何一个矜持的客人变成目光灼灼、筷不离手的"无赖"。

最美的是水乡田园诗一样的夜晚。荡着小舟在水面上，桨有一下没一下地打着，月亮很大，摸上去一定有些凉。原先几条薄舟都还是并着说些话，来回掷着荔枝和花生。小阿黑和小阿乃的对歌，在四周此起彼落。晃着晃着，不知不觉各自散入红莲白荷之中。荷叶飒飒翻动，搅起一阵阵雾气迷朦，软香浮动。月影儿氤氲，灯笼时隐时现，昏昏地红着。人的脸也像被翻动着，翻出许多不咸不淡的心事，融化在半明半昧的天光与水色之中。

白天的普者黑是动感的，生猛的，目不暇接猝不及防的，让心狂跳不已；夜晚的普者黑是古典的，散淡的，画意诗情消魂蚀骨牵肠挂肚的，让你挥挥手要走了，还一步三回头地心醉。

Puzhehei

A knowledgeable tourist

地理概况： 邱北普者黑风景名胜区位于滇东邱北县境内，距昆明360公里。景区由普者黑区、锦屏片区、温酝片区、冲头片区、平寨片区五个片区组成，56个景点，总面积165平方公里。在景区范围内有孤峰312座，大溶洞83个，天然湖泊54个，河流15条，地下暗河总长达120公里，普者黑中心景区内有旅游水面2万余亩，达10.8平方公里，是一处理想的喀斯特湖泊群、溶洞群、孤峰群以及民族风情及自然和人文资源健全的风景名胜游览区。

气候： 年平均气温16.2° C，气候温和，雨量充沛，属中亚热带气候。

人口： 42万余人。

民族： 壮、苗、彝、白、瑶、汉七种民族，少数民族占人口总数的64%。

交通： 邱北县距昆明（经腻脚）286公里。昆明各汽车站均有班车前往。

六郎洞： 是云南最大的地下暗河系，全长120公里，年流水量7.47亿立方米，说明地下湖泊之大，暗河之长，实属罕见。因受技术、设备的限制，如今没有人敢乘船到达湖泊彼岸。30公里的红土洞体无人敢闯，凤尾洞中的“峡谷”无人敢下。

这里的溶洞，洞体博大，暗河幽深，石钟乳十分发育，琳琅满目，千姿百态，景观质量好，是旅游探险家的乐园。

猴爬岩： 峡谷全长9公里，海拔880米，清水江从中咆哮而过，两岸林木掩荫，古松、乔木、藤类植物遍布，奇花异草，苍藤掩蔽，古木参天，保持原始自然生态。密林深处生活着猴、莽蛇、岩羊、野猪等珍禽异兽。江中有娃娃鱼、猪嘴鱼、马鱼、鲑鱼、甲鱼等名贵鱼种。游在其间，景色迷人，其乐无穷。

日喀则 Shigate

最适合晒太阳的地方
Kiss The Sunshine

“我的家乡在日喀则，那里有条美丽的河，美丽的河水泛清波，雄鹰从这里展翅飞过……”

——《家乡》

Shigate

A knowledgeable tourist

地理位置： 地处西藏南部、喜马拉雅山北麓，位于雅鲁藏布江及其支流年楚河汇合处的河谷中。地形以平原为主，平均海拔3850米。日喀则藏语称“喜噶次”，意为“如意庄园”，建城已有600年的历史。

面积： 3658平方公里，辖一个县级市（日喀则市）、十七个县（江孜县、白朗县、康马县、亚东县、仁布县、南木林县、谢通门县、拉孜县、萨迦县、岗巴县、定结县、定日县、聂拉木县、吉隆县、昂仁县、萨嘎县和仲巴县）、一个县级口岸（西藏最大的国家级通商口岸——樟木口岸）。

人口： 8.2万。人口密度约为每平方公里3.3人。

气候： 属高原温带半干旱季风气候区，干湿季明显，夏季温和湿润，降水集中，冬季寒冷干燥多风。年日照时数3248小时，年无霜期118天，年降水量120毫米。

民族： 藏族占人口总数的97%，此外还有汉、回、蒙古、土、满、苗、壮等15个民族，另有少数夏尔巴人人。

INFORMATION

白居寺： 位于江孜县西北宗山脚下。藏语称为“班廓德庆”，意为“吉祥轮大乐寺”。白居寺是一座塔寺结合的典型的藏传佛教寺院建筑，寺中有塔、塔中有寺，寺塔天然浑成，相得益彰。其建筑充分代表了13世纪末至15世纪中叶后藏地区寺院建筑的典型样式，也是其中惟一一座寺塔都完整保存且具有纪念碑性质的大型建筑群。

扎什伦布寺： 在日喀则市西面的尼玛山南坡上，始建于1447年9月，建筑面积达30万平方米，大小金顶14座，扎仓4个，灵塔殿、大小经堂等56座，是后藏最大的寺院，也是黄教六大寺院之一。

萨迦寺： 位于萨迦县境内，在日喀则市西南方约160公里处，海拔4280米。萨迦寺坐落在本波山麓、仲曲河两岸。河北为北寺，现已成为废墟；河南是南寺，即现萨迦寺所在。该寺院墙被纵向涂有红、白、灰三色相间的色带，红色象征文殊，白色象征观音，灰色是金刚手菩萨，三色成花，故人称萨迦教派为“花教”。萨迦南寺于1268年由萨迦派第五代祖师八思巴所建，是当时西藏政治、宗教、文化的中心。

楚帕拉庄园： 帕拉原是不丹一个部落的酋长，因不丹内乱迁到西藏，并取得西藏地方政府官衔。随着帕拉家族权势的增大，帕拉庄园的规模日益扩展。帕拉庄园是如今惟一保存完好的旧西藏贵族庄园。

江孜宗山遗址： 耸立在江孜古城中央的悬崖峭壁上。1904年，英帝国主义侵略军600人占领岗巴宗，同时从亚东向北入侵江孜，在宗山受到江孜军民的拼死抵抗。江孜人民在宗山上筑起炮台，用土炮、土枪、“古朵”、刀剑、梭标和弓箭与入侵之敌展开了英勇的血战，战斗持续了8个月之久。1904年5月上旬的一个晚上，千余军民偷袭英军将其全歼。6月，英军派来了援军，用大炮狂轰宗山炮台，堡垒中的火药库为英军炮火击中爆炸。江孜军民在最后关头，仍用石头拼死抵抗，坚持了3天3夜。最后所有勇士宁死不屈跳崖殉国，写下了光辉而悲壮的篇章。

离开拉萨一路往西，渐渐的，就会有开始远离文明世界的感觉，手机的信号已经没了，也断绝了一切外界的纷扰。眼前是舒缓的雅鲁藏布江和峻峭的峡谷，远处的浮云远山连绵不绝，到处可以看到大片碧绿的青稞和金黄的油菜花，偶尔也有零星的羊群，在炽热的阳光下缓慢地移动着。西藏大地的雄奇俊美，在临近日喀则的时候，就越显出一种超越尘世的明净。

日喀则地处后藏，原意为"如意庄园"，是后藏的中心。这里丰润、富饶的土地，绚丽多彩的自然风光，独特、淳朴的民风民俗，古老、神秘的藏教文化，都让人感到好像来到了另一个世界。

跨过年楚河大桥，就进入了日喀则市。宽阔的街道，新建的楼房，初看之下，与内地的小县城没什么区别。然而，你或许会突然感到，其实是有很大的不同——那说不清、道不明的古怪氛围，那一张张平和得与世无争的面孔，还有那直接得不能再直接的阳光。

在西藏，你随处可以看见晒得黑红、油亮的面孔，古铜色的皮肤似乎是上天给西藏人特殊的恩赐。这种情况，在日喀则达到了极致，你很容易从肤色上分清，谁是地道的日喀则人。人们习惯上喜欢将拉萨称为"日光城"，但实际上，日喀则的日照时间更长，而且海拔也更高，更便于跟阳光亲密接触。

在晴朗的日子，金色、滚烫的阳光像融化了的金属溶液一般流淌到城市的每一个角落，到处都是明晃晃、亮堂堂的，叫人睁不开眼睛。所有的树木、建筑仿佛都变成了镜子，反射着无所不在的阳光，让整个日喀则市都浸泡在阳光的河流里。

冬天的上午，日喀则上空万里无云，蔚蓝色的天空阳光炽烈，一群群的人在屋外坐着晒太阳。这些人中有老者，也有青年；有刚做完家务的家庭妇女，也有忙里偷闲的小商小贩，甚至还有披着褐衣的喇嘛，颇有闲情地嗑着瓜子，懒散地坐在扎什伦布寺前的台阶上。

冬天的阳光照在脸上依然是火辣辣的，空气中却冷风不断，适度地中和了那种灼烫的感觉，让人感到非常舒服。晒太阳的姿势不拘一格，百态横陈，静止得像一尊尊雕塑。无论你形容他们呆若木鸡也罢，昏昏沉沉也罢，憨头憨脑也罢，他们并不理会外人的评价。重要的是，你别站在他们面前挡住了阳光。

这时候谁都懒得说话，也烦别人打扰，他们正在忙着晒太阳。

棉花堡
Pamukkale

白色温泉
Springs In Spring

水是眼波横，山是眉峰聚。

—— 宋 · 王观

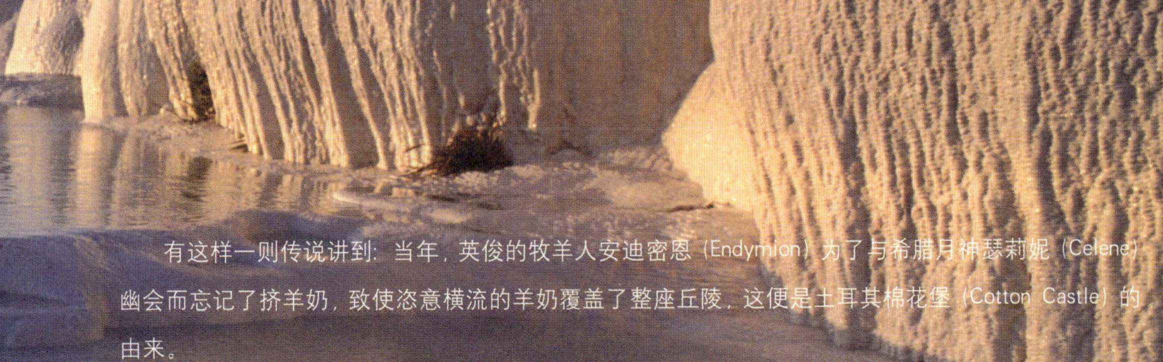

有这样一则传说讲到：当年，英俊的牧羊人安迪密恩（Endymion）为了与希腊月神瑟莉妮（Celene）幽会而忘记了挤羊奶，致使恣意横流的羊奶覆盖了整座丘陵，这便是土耳其棉花堡（Cotton Castle）的由来。

当车子朝着安卡拉西南行进500公里后进入巴穆卡丽（Pamukkale，土耳其语中棉花堡的意思），黄土地上突然惊艳般闪出一抹雪白的影子，犹如夏季的城堡形积雨云降临大地，或者冰山漂移到内陆，再近些，却是堆积棉絮一般的一座“城堡”，玉一样的“台阶”层层叠叠，犹如雪砌的梯田，无数涓涓细流从丘岩间的缝隙潺潺流下，温热的水蒸气让棉堡氤氲在淡淡的缥缈雾气里，泉水积在台阶之间，形成一汪汪波澜不兴的水池，那是热带海水般的淡蓝绿颜色——白岩碧水，犹如雪衬翡翠，是说不出的清丽炫目。站在棉花堡前抬起头的那一瞬间，阳光似乎在瞬间灿烂了几百倍，天地忽然变得无比明亮辉煌，这才知道那个关于羊奶的传说简直辱没了这个圣地，棉堡分明是个奇迹，它是不食人间烟火的玉宇琼楼，它是真实可触的海市蜃楼，它只能用“神的奇迹”来形容。

神赐予Pamukkale丰富的地下石灰质温泉，温泉汩汩地由地底深处涌出，顺着丘陵边缘泻下，经过河流般奔涌不息的时光，白垩堆积在表面被侵蚀成棉花状的梯形岩石上，形成层层重叠的形状，层层白垩台阶上的凹陷，由纯净如碧玉的温泉充满，形成大大小小碧水如镜的温泉池，而这里的温泉水，终年保持在36℃，水中含有大量的石灰质与二氧化碳气体，对心脏病患者以及动脉硬化、高血压、皮肤病及风湿性关节炎等疾病具有特殊疗效，因此，很久以前，当罗马人发现了棉堡温泉后，立即欣喜若狂地在这里兴建了温泉浴场，达官贵人与财阀富豪，则以能到这里来泡温泉和安享晚年为荣。

Pamukkale

A knowledgeable tourist

地理位置：在土耳其的西面，离Denizli约20公里。位于土耳其中部的碳酸温泉区，地下石灰质温泉丰沛，温泉水从地底深处涌出，再从丘陵上沿边缘泻下，产生浸蚀及沉淀作用，经过悠久而古老的岁月，白石灰垩积聚在表面被浸蚀成棉花状的梯形岩石上，形成无数大大小小的白棉球层层相叠，远望整个山坡好像铺满软绵绵的白雪，犹如棉花城堡，因此大家通称这个地方为“棉花堡”。

城市历史：从古罗马时代就吸引着众多的人们来此进行水疗。坐落在山顶上的历史古城希拉波里斯，还为今天的人们遗留下了温泉中心和温泉池，旁边设有泊车旅馆。卡拉哈依特坐落在棉花堡的西北方，也是一个著名的温泉中心，因泉水中含有高铁质而闻名。赫娜兹山峰是爱琴海地区众多高峰中景色最为美丽山峰之一，山体被华丽的阿尔卑斯山脉森林覆盖着。前基督时期建筑在南部斜面上高耸入云的城堡，古代称之为考洛西，现在还可以看到许多残垣断壁。

Take my tips 拉不看 INFORMATION

希拉波里斯古城遗迹：公元前二世纪时由帕加马王朝所建，目前还遗留有大浴场、竞技场、街道、大剧场和古坟场等残垣断壁。

海尔保利大剧场：是一座占地面积很大的露天圆形剧场，顺山势挖掘。古坟场里的墓陵都是用大理石块堆砌而成，雕刻精致的大理石棺木，过去都是埋葬一些在社会上有地位的人物，一座座完整的棺木错落在辽阔的荒野上，夕阳的昏黄光芒披泽万物，更显出岁月的荒凉之感。

来到棉堡，即使甩开鞋袜，赤脚走在棉堡上，脱下衣服，跳进一个又一个温润的泉池，还是觉得离它太远。这自然的奇迹给人一种异常凉爽和甜蜜的感觉，甚至让人觉得与它拥抱和亲吻还是远远不够，直到将整个身体都融化在棉堡上才好。

最不能错过棉堡的日落，当太阳的光芒一点点由金色变成绯红殷红桃红玫瑰灰，棉堡会像一朵最绮丽的莲花，幻化出难以置信的光影奇迹：白色的岩面会被阳光点染出淡淡的色彩，而岩面中水波则忠实地记录下天空变幻的奇异色彩。

登上山巅，会意外地发现，这并不幽深的谷底竟然也会有云海出现，而且居然是世界上最美最瑰丽也最难得一见的云海！

这个看似云海茫茫的山谷，绝对禁止游客进入，因为那其实是个奇异的沼泽。人们在山顶看到的那团蒸腾的淡蓝色并非云彩，也不是雾气，而是大量含有碳酸钙的温泉水流沉到谷底，形成的一种近似泥浆的沉淀物，阳光一照，便泛出珐琅般的孔雀蓝光泽，看上去与蓝色的云块漂浮在山谷一模一样。这种景观异常罕见，天气、阳光、时间、运气，缺一不可。

棉堡区附近，三三两两散落着碧绿的温泉泳池。走近一看，往往会让人兴奋到呼吸急促的地步：湛绿又清澈的池底，居然是散乱的大理石石柱和残破的雕像，爱奥尼亚式、多立克式……分明是希腊式古典神殿的建筑风格，这就是书上讲到的古迹泳池吗？却让人恍惚以为这是《海的女儿》中描绘的海底人鱼世界，恨不得潜入池底，在纵横交错的廊柱与横梁间探询未知的奇迹。而真的置身其中，却又有种诡异奇幻的感觉，似乎随时会有来自水底的使者前来对话。

棉花堡附近的古迹还远远不止于此。修建于2000多年前的阿弗罗狄西亚(Aphrodisias)卫城，至今残存着希腊风格的澡堂、拱门、横梁、石柱长廊、指向天空的大理石柱，它们全部由雪白的大理石雕筑而成，花纹繁复，造型宏伟。而空地上孤独伫立的月女神殿，永远在月光下闪烁清冷的光辉。希拉波里斯(Hierapolis)卫城一样是希腊风格的建筑，已经被大地震毁得只剩废墟，考古学家只发掘出城外规模巨大的贵族坟场，夕阳下，借着微弱的光线，天地间只剩几座房屋式坟墓的剪影。

那些曾经让人们惊叹的古迹，就这样被时光蹉跎为废墟，而不远处的棉堡，依旧绿水如镜，丘岩如冰，沐浴着众神的光辉，成为永恒的奇迹。

天体村
Le Cap d'Agde

只能裸浴的地方
Only Naked Swimming

这本来是一个毫无掩饰的时代，是从肉体到灵魂都裸露着的时代。

——黑格尔

中世纪文献上有这样的记载"除了裤子外什么都没穿的父亲多次带着裸体的妻子儿女从家里跑到澡堂里去……我多次在中午看见10岁、12岁甚至18岁的姑娘只穿着一件下面开口的短衬衣，双手背在身后穿过长长的街道从家里跑到澡堂里去，她们身边跟着跑的是一群十几岁的男孩。"

遗憾的是这种拿洗澡和游泳不当回事的开明态度并没有持续很长时间，当羞耻观被引进服装规则，在很长一段时间里，人们不得不穿上厚重到足以让人溺水而亡的衣服游泳，直到尼龙和比基尼的问世。而重新脱掉这几片小布，回归中世纪的天真烂漫显然比当初穿上衣服要困难得多。即便如此，崇尚身体美与自然的人们还是能找到一片乐土，分享来自完全解放的身体的愉悦。

法国南部，面向地中海的小城Le Cap d'Agde是一处特别的度假胜地，距此几公里处便可看到路标上法文的"裸体"二字，没错，这里便是"天体运动者"的天堂——全欧洲最著名的天体村。

与通常所想像的不同，天体村并非人人得以放浪形骸的乐园，里面的安全措施其实比任何一间必须穿着衣服入内的酒吧，或者严禁裸体的海滩都要严格得多。

纯洁的目标要用严格的制度来保证实施——看来天体村的人们对这一定律推崇倍至。通往度假村的每个路口处都有保安人员把守，如果你不是会员就根本别想开车进去。去露营区缴费的时候，你会拿到通行证和一条彩色塑料带，这东西可以扣在脚踝或手腕上，就像生物学家们在海豹身上固定金属牌以易于辨认一样，它表明了你在村中的合法逗留权，否则难免被散布各处的保安人员当成混进来的色狼。与此同时，你会读到一条长而富于文学色彩的"天体村守则"：

Le Cap d'Agde

A knowledgeable tourist

地理位置：位于法国南部，面向地中海，是相当受到欧洲人欢迎的度假首选地點。

当地旅游局的地址：Bulle d'accueil BP 544-F-34305 AGDE Cedex；

网址：www.capdagde.com

航空：抵达巴黎之后，可搭乘法航国内线班机前往Agde，每天有3—4班飞机往返巴黎与Agde之间，飞行时间需1小时15分钟，天体村距Agde机场约为15公里。

火车：自巴黎前往天体村，也可选择搭乘火车，需不到5小时的车程。

成为天体村会员

之所以会有天体村，主要是因为要让消费大众有一个回归自然的原始场所，若您也是“自然、原始”的支持者，可以去函至天体村俱乐部，成为天体村会员的一名。

申请会员资格地址：Club Naturiste du Cap d'Agde-BP 851 -34300 Cap d'Agde Cedex.

注意事项

无论您怀抱怎样的目的前往天体村，该天体俱乐部希望您能遵守下列的原则：

1.您必须学习、练习放开胸怀，让您的身体自然的裸露，并平和自然地看待身边其他的裸体。

2.您必须维持基本的礼仪，避免做出吓人的举动，或者去骚扰别的客人。

3.不要制造污染，尤其如果您携带有爱犬同行，更要注意动物们的排泄物，这样大家才能拥有一个高品质的度假环境。

以上是天体村俱乐部在文宣数据上所注明的注意事项，当您进入天体村之后，还可以在酒吧的墙壁上发现另一则惊人的注意事项：酒吧公共空间中，禁止任何性行为。

“您必须学习、练习放开胸怀，让您的身体自然的裸露，并平和自然地看待身边其他的裸体。您必须维持基本的礼仪，避免做出吓人的举动，或者去骚扰别的客人。不要制造污染，尤其如果您携带有爱犬同行，更要注意动物们的排泄物，这样大家才能拥有一个高质量的度假环境。另外，天体村的公共空间中禁止任何性行为。”

另外有一点特别值得一提：天体村不允许单身男人进入，老年人除外，单身女性则没有任何限制。作为一个单身男子，如果你还没有因为自己的品德被如此低估愤而离去，建议迅速找个女伴，暗渡陈仓。

一进入营区，气氛马上松弛起来，大家开始若无其事地坦诚相见。有人搭帐篷脱衣服两不误，当帐篷搭完，就可以赤条条无牵挂地冲向海滩了。

从搭帐篷的露营区到海滩，大概有300米左右，这段路上基本上看不见穿衣服的人，高矮胖瘦，男女老少，一律全裸，每个人都带着绝顶自然的表情和无比从容的态度。林林总总各具特色的人体展示了从出生到衰老的每一个阶段，像一个题为《人体奥秘》的纪录片拍摄现场，与审美和性无关，完全是一种赤裸裸的真实。

这里的人们对阳光有着狂热的爱慕，沙滩上的人们翻来覆去、没完没了地将自己在阳光下曝晒，直到晒成一片片金黄色的叶子。偶尔也能看见一对情侣嬉笑着走过，或者胖到不行的老头老太太骑着一辆双人自行车旁若无人地经过；最夸张的是全家人，从婴儿到祖父母，全部一丝不挂，且有说有笑，看来褪去了衣衫，也褪去了距离。

当夕阳西下，天体村里的村民们终于在餐桌和吧台前穿上了衣服。可这都是什么样的奇装异服啊？有的全身都是洞，有的全身透视装，有的干脆穿着丁字裤，配着音乐和酒，不时有人兴起跳上桌子跳钢管舞，引来一阵口哨。更为有趣的是，游客的火辣程度与年龄成正比，经历过大风大浪的老年人显然比年轻人更懂得及时行乐和我行我素的快乐。也许是心态的原因，这里的辣衣热舞与其说性感挑逗，不如说滑稽搞笑更合适些——自由，而并非性，才是天体运动者们狂欢的主题。

外貌与体形的差异在这里被完完全全地呈现，又似乎同时被完完全全地忽略。每个人都沉浸在自己的世界，大有不知今夕何夕的超然，没人东张西望，更别说上下打量——如果一定要统计被打量次数最多的人，那一定不是身材浮突的裸女，而是最标准的亚洲观光客——他们衣着整齐，脖子上还不忘挂着崭新轻巧的照相机。

历史篇

Heavy and Hard

生命中无法承受之轻 Life And Belief——柏林Berlin

要认识德国一定要去柏林。这片血脉相连却曾经东西分隔之地，既带着过往历史的伤痕，也是未来德国的希望。

历史的另一种模板 Signs And Meanings

——平壤Pyongyang

一个城市像平壤一样，充满了象征性和符号意义。在这座经过精心规划、建造和装[illegible]每时每刻都会感受到一种强大的集体意志。

哭墙之泪 Don't Cry For Me，Jerusalem——耶路撒冷Jerusalem

让以色列成为牛奶和蜂蜜的主产地，并想让以色列和犹太人成为优秀的民族。但巴勒斯坦这块土地从来就未太平过，连摩西也要杀许多的人才能进入。

最后的佛陀 The Last Budda——巴米扬Bamiyan

是世界上最大的佛像，是人类发展史和思想史上的宝贵遗产，塔利班毁坏立佛的愚蠢行为引起了世人的共愤，但悲剧还是发生了，佛像从此成了人们记忆中的东西。

消失的城市 The City Disappeared——巴姆泥城Bam

伊朗东南部，曾经喧闹的巴姆市在大地震中夷为废墟，至少3万人为这座城市殉葬。与他们一起从地平线上永远消逝的，还有距离市区5公里的巴姆泥城——片魔幻的沙丘城堡。

沉重还是沉痛 Historical:Heavy And Hard

历史在这里沉淀，我们能听见风吹过的悲歌。

柏林 Berlin

生命中无法承受之轻

Life And Belief

静静的莱茵河，蜿蜒地流淌，
仿佛岁月绵长的投影，
在历史的乡愁里流浪。　　　　——康德

德国人说，柏林就像一场恋爱，先感受到的是那份诱人的悸动，然后要面对现实猝不及防的苛严，最后才理解到必须靠自己的双手掌握自身的命运。

"稍安毋躁!稍安毋躁!"一个男中音在柏林地铁站的广播中时常发出这句特别的提示，可是，当一列地铁进站时，柏林人依然近乎疯狂地夺门而入。如果一个柏林人在奥地利饭后散步，一定会使慵懒成性的整个奥地利惊慌起来:"看那个家伙急匆匆的在做什么?是不是哪里着火了!"

要快!无论你在做什么事情。这是柏林城的品格。即使历史的长河流过这里，也会莫名地翻起几朵浪花，然后激流而去。

柏林载着日耳曼人的爱恨情仇，在这里纠集了太多的历史纠葛，以至于我们常常在怀疑她是如何承受的。她曾是普鲁士王国、魏玛共和国和第三帝国的首都，30年代，在腐败的政治中，柏林开出了文化的瑰丽花朵，一度成为和不胜数的 G悍铁骑，柏林陷入一个长长的梦魇。

战争车轮把柏林的一切碾成了薄薄的碎片，没有人阻挡得住。废墟中，只有那每户一架的钢琴依然在向全世界宣告:"无论命运怎样多舛，柏林的精神还在。"瞬间的灭亡是为曾经的罪恶所付出的代价，在忏悔反思之后，迅速的崛起是柏林精神的回归。和不胜数的剽悍铁骑，柏林陷入一个长长的梦魇。

战争车轮把柏林的一切碾成了薄薄的碎片，没有人阻挡得住。废墟中，只有那每户一架的钢琴依然在向全世界宣告:"无论命运怎样多舛，柏林的精神还在。"瞬间的灭亡是为曾经的罪恶所付出的代价，在忏悔反思之后，迅速的崛起是柏林精神的回归。欧洲艺术文化和科学的中心，相对而言，那时的巴黎就像一个破烂的小城镇。但自从"疯狂的伊万"希特勒来到了这里，一切繁华都随风而去，迅速瓦解，文学家、科学家、画家、电影人、音乐家都纷纷逃亡，城市中只剩下一个孤独的卡拉扬.

到柏林来的大部分游客都抱着一个相同的想法——听听柏林的陈旧故事。的确，普鲁士王国、魏玛共和国和第三帝国都曾经不可一世的强悍;更久远的年代里，冰天雪地的大陆上，尚未开化的日耳曼人为保家乡让恺撒大帝吃尽苦头;即使不可一世的拿破仑也曾经在勃兰登堡飞翔的双翼下灰溜溜地逃回自己的老家。但这些都已经随着年华的流失，渐渐退色，也或者是因为那堵柏林墙的颜色太过斑斓，以至于其他的一切都失去了应有的色彩。

从1989年开始，历史意义上的柏林墙已不复存在，原本延绵161公里、高达4米的柏林墙只剩下窄窄一段纪念性的石壁，花花绿绿的涂鸦依稀可见，斧凿的痕迹且更加清晰。据说至今偶尔还会有人带着锤子来凿下几块墙皮。柏林墙的残骸，一部分被政府当作填筑道路的材料，永远地留在了那片土地，还有不少被切割成小块出售。商人们了解游客来到这里的目的:"买一块柏林墙吧!"

Berlin

A knowledgeable tourist

城市历史：13世纪时成为贸易集镇，17世纪发展成为区域性的政治、经济和文化中心。第二次世界大战前它是德国的首都和最大城市。战后，东、西柏林分道扬镳，各自发展。1990年德国统一，柏林才结束了一个城市、两种制度的局面，重新成为德国的首都。

地理位置：柏林扼东西欧交通要冲，北部距离波罗的海、南部距离捷克均不到200公里。

面积：891平方公里，其中南北长38公里，东西长45公里。

人口：约350万。

气候：温带大陆性气候。冬季温暖，夏季则凉爽宜人，全年雨量分配平均。

旅游方式：自助或参团均可，如果是有一定外语水平的游客，建议以自助的方式感受德国，感受柏林的胸怀。

酒吧：逛柏林的酒吧是一种独特的享受。德国各个酒吧风格迥异，各具鲜明特色。在优美的林阴大道上有雅致的“相会点”；楼宇的后院有青少年俱乐部和文化艺术界人士的聚会酒吧，充满现代自由色彩；还有湖边那充满诗情画意的餐厅以及真正的拐角酒吧，所有这些地方都通宵开放，让人领略德国人在严肃背后的激情。

购物：诸侯大道简称是购物中心，新款时装店、德国著名高级瓷器迈森专卖店、KPM店等均集中于此。

美食：在柏林有机会品尝到以下特色菜，千万不要错过！小牛肉香肠、醋焖牛肉、斯图加特美食、卡塞尔腌肉、酸白菜、威斯特法轮火腿。

勃兰登堡：是通往柏林中心的大门，自从1791年落成，其建筑飞扬的两翼象征着日耳曼民族的命运。

亚历山大广场：广场上矗立着365米高、带有球型旋转餐厅的电视塔，四周环以现代化的旅馆、商店、仁义厅、教师会馆等大型建筑，气魄雄伟，造型美观。

菩提树下大街：建于18世纪，是欧洲最著名的林阴大道，长1390米、宽60米，两侧现代化建筑和富丽堂皇的古老宫殿交相辉映，以历史博物馆、法西斯和军国主义受害者纪念堂、国家图书馆、国家歌剧院等最为著名。圣母教学、市政厅、共和国宫、洪堡大学、夏洛藤堡宫、威廉皇帝纪念教堂、仁义大厅等亦十分著名。

是啊，同样的价格，在拉斯维加斯只能买到一个破碎的梦，在柏林却能买到一段无法承受的历史。

东西德对抗时期，柏林墙就像是围城的那道墙，西面的人翻墙过来，东面的人翻墙过去。民间的艺术家们把这堵用整个德国近代史垒成的墙变成了一件奇异的艺术品，抵抗命运的"行为艺术"在这里长时间地上演着。

残阳如血，如今那些小小的墙块，静悄悄地躺在小贩面前，仿佛是贝多芬的《命运交响曲》中散落下的几个音符，一切都真真实实地交付给历史，等候着生命中的下一次漂流。

柏林人并不情愿游客将一个大都会仅当作一座博物馆看待，他们不在乎过去。即使在"疯狂的二十年代"，因汇聚柏林艺术界的精英而声名大噪的罗马咖啡屋，也已经不见踪影，在原来的位置上，是欧洲中心大厦，它的威名更多的来自于楼顶贴着的那颗亮闪的奔驰之星。

他们宁愿您们去看看柏林的青春乐园——俗称"库大道"的库尔菲尔斯滕大道，"信不信由你，"柏林人说，"到库大道去就像第一次喝香槟一样令人兴奋。"这是一个你想像不到的柏林，相对于康德缜密的理性思维，库大道两旁林立的商店、电影院或咖啡厅中包含的各式的疯狂娱乐，都显得太过玩世不恭。1871年，首相俾斯麦一声令下：替帝国建造一条繁华无双的大道，以代表我们的昌盛！让巴黎的香榭丽舍大道见鬼去吧！从此，普鲁士闻名天下的朴实作风就因这条库大道而多了几分放荡不羁。

看待柏林，要选择视角：是在繁华的街道中寻找过去的痕迹呢，还是在古典的建筑中搜索现代的气息呢？柏林人之所以高速地上下地铁，也许是因为柏林的地铁停泊的时间太短，如果不抓紧时间，它会呼的一下开走，不会等你。就像历史的河流在柏林作过的一样，瞬间的撞击，不等你为绚烂的浪花惊呼，就行色匆匆、踌躇满志地扬长而去了。

平壤 Pyongyang

历史的另一种模板

Signs And Meanings

沿着长长的城墙，

大江之水溶溶而流，

辽阔遥远的东方则是一望无际的点点群山。

——金黄原（高丽时期著名诗人）

对于大多数中国人来说，平壤是个既熟悉又陌生的城市。抗美援朝，金达莱，国光苹果，凄婉的卖花谣……属于这里的一些词汇，甚至进入了我们的语汇中，成为一代人记忆的一部分。但它又那样的陌生，在朝鲜半岛的一侧，固守在自己的世界中。

最引人注目的，首先是平壤的城市景观。在世界所有国家的首都中，恐怕没有哪一个城市像平壤一样，充满了象征性和符号意义。这是一个耸立着无数规模宏大的建筑和体量惊人的雕塑的城市。很难想像，这是一个仅有2000万人口的国家的首都。拔地而起的千里马铜像，雄踞蓝天的柳京饭店，巍峨高耸的凯旋门——众多的大型纪念性建筑和雕塑是这个城市最壮观的风景。平壤也是世界上街道最干净整洁的城市之一，宽阔整饬的街道，在稀疏的车流映衬下显出了几分寥落的况味。和数量众多的巨型景观建筑相比，居民楼更显得简朴和暗淡。

离乱之苦和战争之痛，给平壤留下了难以平愈的伤疤。经历了抗日战争和朝鲜战争的双重摧残，满目废墟的平壤，被破坏的程度堪与斯大林格勒相比。单是美军轰炸机，就在这里倾泻了42.8万枚炸弹，而当时整个平壤的总人口仅40万。绝大多数古迹化为乌有，整个城市被夷为平地，当时负责平壤重建规划的建筑师感叹："平壤真的成为一片'平壤'了"。

Pyongyang

A knowledgeable tourist

城市历史：传说中，朝鲜民族的祖先檀君，于公元前2333年，选择大同江畔的一片平坦肥沃之地，建立了古朝鲜王国，这片地方就是后来的平壤。公元前37年，高朱梦在朝鲜半岛北部建立了高句丽国。平壤成为高句丽的王城所在地。1948年，朝鲜半岛北部建立了以金日成为内阁首相的朝鲜民主主义人民共和国，定都平壤。

地理位置：位于朝鲜半岛的西北部，平均海拔84米，朝鲜的五大河流之一大同江流经平壤。

面积：900平方公里。

人口：约200余万。

民族：朝鲜族占99.8%，华人占0.20%。

气候：温带季风性气候，四季分明，年平均气温9.7℃左右。

交通：丹东到平壤有旅游专列。沈阳至平壤有直飞航班，单程机票价格为1200元。

INFORMATION

金日成广场：首都的中央广场，1954年8月竣工，面积75000平方米，地面是花岗岩铺地。金日成广场是朝鲜举行重要政治文化活动、庆祝大会、公众集会、阅兵式的场所。金日成广场的南北分别是主体思想塔和人民大学习堂。

万景台故居：是朝鲜人民的领袖金日成诞生的地方，位于平壤市西部大同江畔，距离市中心12公里。

主体思想塔：位于市中心大同江东岸，建于1982年4月。主体思想塔是金日成创立的“主体思想”的象征，由主塔、三人群像、六幅主题群像、两座亭阁和两个大型喷水组成。塔高170米，其中，塔身高150米，火炬高20米。火炬台和火炬的重量达45吨。

凯旋门：为纪念在日本殖民统治下胜利光复朝鲜的金日成凯旋而归而设立的。凯旋门建于1982年4月金日成诞辰70周年之时，由一万五千多块高级花岗岩构成，比巴黎的凯旋门还高出10米。

大同门：位于大同江畔，建于6世纪中叶，是高句丽时期平壤城内城的东门。

地铁站也是平壤的一大景观，豪华程度已经超出了交通运输的范畴：气势宏大的地铁站口，通道地板用大理石铺就，墙面上装饰着巨幅壁画，豪华吊灯熠熠生辉，照亮了位于地下百米深处的站台。此外，这里还有世界最高的喷泉，世界最大的凯旋门，世界最高的饭店……规模宏大的建筑，在平壤处处可见，似乎在摆脱了战争的阵痛后，这个城市迫切需要用雄伟的气势，来释放身负的创口，来表明自己不屈的品格和意志。平壤城的重建，即使在世界城市重建史上，也占有重要地位。

这里的服装色彩是单调的，深浅不一的灰白色占据了大多数，这里的人也是保守的，低头径自赶路，或者列队瞻仰领袖铜像，几乎是一样的表情，一样的相貌。街头匆匆走过制服上别着金日成像章的士兵，就像是翻开了我们熟悉的历史的某一页，让人回到了一个领袖崇拜和集体意识高于一切的年代。在平壤，外宾非常好认，即使是同样亚洲面孔的中国人，因为走到哪里，都有随行的护卫，不能单独行动，不能随意乱逛，不能未经许可照相留念……

平壤给人的印象是矛盾的：它的历史是如此久远，从檀陵君时代开始，已经有5000多年历史，但它又是如此的崭新——也许是世界上最崭新的首都城市，建设历史只有50多年；平壤的城市建筑是宏大的，但也是冷清的，在一个开放的世界之外寂寞地孤芳自赏；这里伫立着世界上最壮观的体育场馆设施，却没有举办过一场体育盛会，有人说它单调甚至于刻板，但它创造了让世界都为之惊奇的城市景观……太多的矛盾和不解，就像我们对于这个国家的感觉，既熟悉又陌生。

历史的风吹过，平壤依然在以它自己独有的节奏迈步向前。这个城市的个性，就是全民统一的集体意识。在这座经过精心规划、建造和装饰的城市徜徉，每时每刻都会感受到这种强大的集体意志。这座壮观而独特的城市，就是平壤。应该来平壤看看，她在相邻不远处，给我们提供着某种参考和思索。

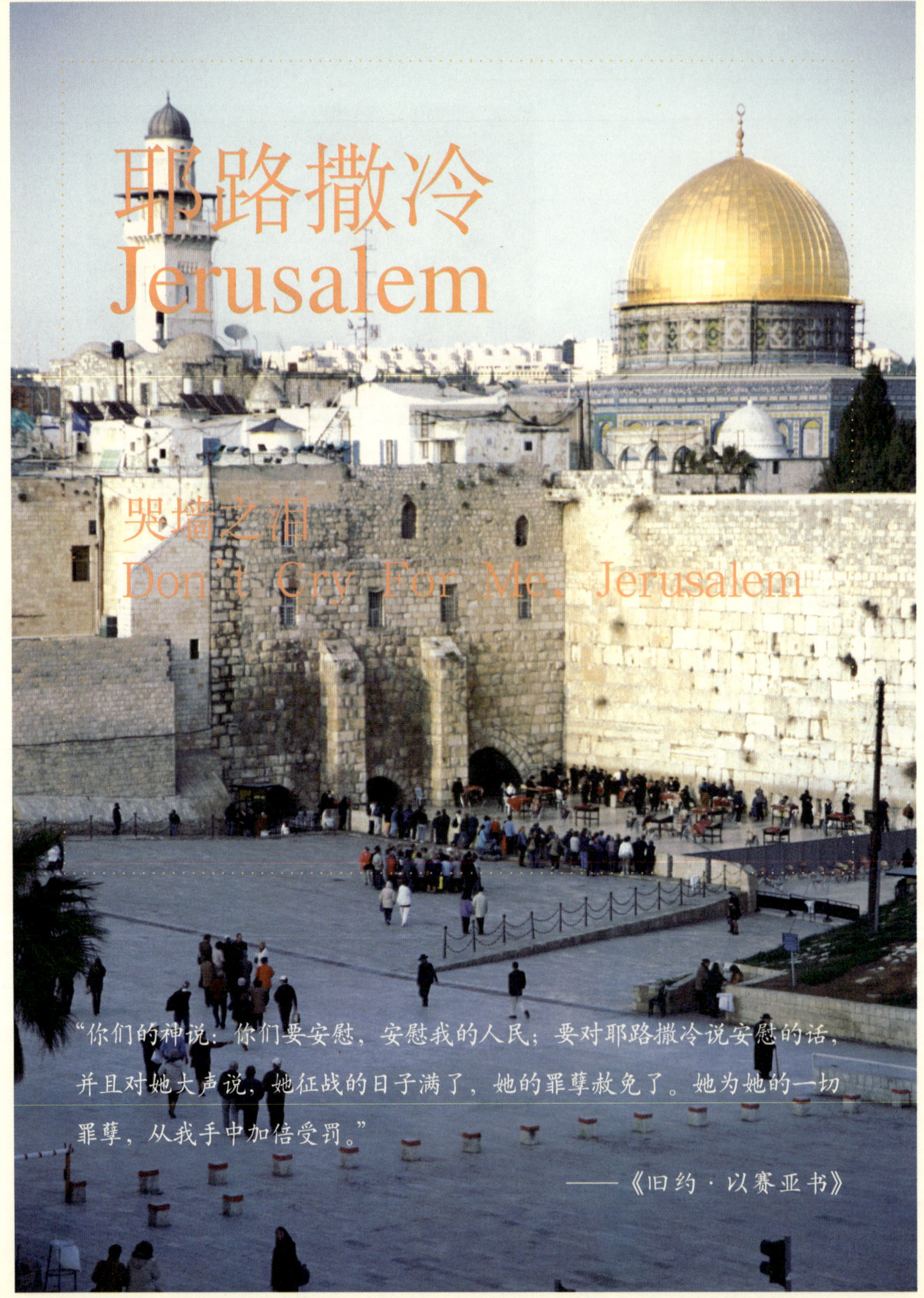

耶路撒冷 Jerusalem

哭墙之泪 Don't Cry For Me, Jerusalem

“你们的神说：你们要安慰，安慰我的人民；要对耶路撒冷说安慰的话，并且对她大声说，她征战的日子满了，她的罪孽赦免了。她为她的一切罪孽，从我手中加倍受罚。”

——《旧约·以赛亚书》

"银子有矿，炼金有方。"陆地上有山峰，沙漠里有绿洲，约旦河上有沙洲，沙洲上长满了芦苇。约旦河两边是宽广的平原，耶路撒冷就在平原和山峦之间。

耶路撒冷，同时被以色列和巴勒斯坦定为自己的国都，拥有人口650000。公园、写字楼、百货大厦、大学、医院、露天咖啡吧、博物馆……城郊的居民点正向周围的沙漠蔓延，这些都与其他城市没有太大分别。而耶路撒冷的中心却有个充满魔力与悲剧的地方，这就是耶路撒冷旧城。

世界上没有另一座城市遭受到过这么多次的灾难。它曾在战争中毁灭过八次，即便已经成了废墟，毁城者还要用犁再铲一遍，不留任何让人怀念的痕迹。但它又一次次的重建，终于又成了世界上被投注信仰最多的城市。犹太教说，这是古代犹太王国的首都，也是他们的宗教圣殿所在；基督教说，这是耶稣诞生、传教、牺牲、复活的地方，当然是无可替代的圣地；伊斯兰教说，这是穆罕默德登天聆听真主安拉祝福和启示的圣城，因此有世界上第一等的清真寺。

三大宗教都把自己的精神重心集中到这里，它实在超重得气喘吁吁了。不同的文明本可多元共处，但当它们的终端性存在近距离碰撞时，却会产生悲剧。耶路撒冷的不幸，在于它被迫收纳了太多的终端。宗教分歧渐渐由起因而变成借口，排他的民族极端主义情绪乘虚而入。于是，灾难而又神圣的耶路撒冷，在现代又成为最大的是非之地。有人说，在今天，世界的麻烦在中东，中东的麻烦在阿以，阿以的麻烦在耶路撒冷。如果真是这样，那么耶路撒冷，我们该如何走近你呢。

阳光的照射下，金顶清真寺熠熠生辉，灿烂夺目。这座建于公元前687年的美丽建筑，堪称耶路撒冷的地标，不论从任何角度远眺，都能够看见真金箔贴成的圆形寺顶上闪烁的金光。铜制栏杆守护的栅栏里，一块白色的岩石接受着众多穆斯林的朝拜。传说中，先知穆罕默德就是由此处飞升上天接受上天启示的。所以，这里是仅次于麦加禁寺和麦地那圣寺的伊斯兰教第三大圣寺。

人们说，在耶路撒冷，每走一步都是历史，这种感觉在旧城区尤其明显，《圣经》中记载的地名，在这里都能找到对应。穿行在旧城的仄仄石巷里，也就相当于沿着耶稣的脚步回访了一遍天主教的史书。悲哀之路是一条长长的崎岖小路，相传耶稣被叛徒出卖、被当局处死之前曾背着十字架在这条路上游街示众。今天，依然有大队的信徒结队行走在当年的路上，切身感受着主所遭受的磨难。路边的拐角处，是耶稣被鞭打、被戴上荆冠的地方，再往前，是他背负十字架游街时几次跌倒的处所，每处都有纪念标记。在他游街遇到母亲玛丽亚的小街口上有一个浮雕，两人的眼神坦然而悲怆。山坡上的圣墓

住宿： 以色列政府观光局将旅馆分为5个星级，一般3星级以上旅馆的卫生设施都相当完善，而高级旅馆的水准可与欧洲相比。一般高级旅馆单人房50—110美元，双人房60—120美元；1级单人房35—60美元，双人房50—75美元；一般级单人房25—50美元，双人房40—50美元。

饮食： 清真饭馆居多，绝大多数都价格适中，以供应中东菜肴为主，阿拉伯餐馆在东耶路撒冷很受欢迎。

"贝克啦伏"，一种用生面和蜂蜜、核桃仁、桂皮肉配制而成的糕点，在东耶路撒冷的街头或旧城穆斯林居民区的摊铺上能品尝到；

"咖德夫"，是用小麦碎片、阿浑子果实及蜂蜜烤制的，吃起来香脆可口，另外还有一种叫"哈尔伏"的甜芝麻点心也会令你回味无穷。

在犹太人经营的餐馆内多半遵守Kosher的戒律，Kosher并非菜名，而是犹太教的用餐规则：

1. 禁食猪肉、章鱼、乌贼、虾、螃蟹等；
2. 肉和乳制品不可同时吃；
3. 点了肉类的菜时，面包不涂牛油，餐后不能吃冰淇淋，喝咖啡时也不能加入牛奶。

市内交通： 耶路撒冷市内交通以巴士和计程车为主。计程车按表收费，但是由于赶不上通货膨胀的速度，因此司机会按表加算百分之几的车资。耶路撒冷的计程车司机以阿拉伯人居多，因此大半用英语是讲不通的。如果车上没有计程表，旅客必须事先谈好车资后再搭乘。

教堂，是基督教世代供奉的圣地。它就修建在耶稣的墓地之上，曾目睹耶稣从墓中复活，也目睹了他在40天后升天。

要说目睹了最多悲怆的，当属哭墙——这段墙壁承载了犹太民族千百年来的悲恸与希冀。

哭墙原是所罗门王为供奉"十诫"法柜而建造的圣殿的一部分，在圣殿先后几度被摧毁后，只留下了这段当年庭院西边的围墙。相传当年罗马人焚城时，有6位天使坐在墙上哭泣，泪水粘结石缝，大墙得以不倒。这也只是演绎的传说而已。但长久以来，流放至世界各地的犹太人都会回到这面象征着犹太信仰和苦难的墙前低声祈祷，为缅怀昔日的民族光荣和历史沧桑而悲泣，长而久之，这段墙壁便被称做"哭墙"。

头戴高帽的老者，背诵着经文，反复用手抚摩着同样沧桑的墙面。一位祈祷的男子，哭泣着把写满愿望的纸条塞入墙壁石缝间。纸条上的愿望是寄给上帝的密信，而哭墙则是通达天国的邮局。隔开男女信徒的屏风两边，传来的祈祷声一样的沉重低回。犹太人经历了长达千年的流离失所，哭墙始终是他们的精神家园。

耶路撒冷，寓意“和平之地”，但在大屠杀纪念馆的幽幽灯光下，展示的却是人类最野蛮残忍的一面，是二战中的纳粹分子对这个民族犯下的滔天罪行。犹太人在千百年的时间里曾屡遭迫害，二战的屠杀则是累累伤口中最深的那道痕迹。那些不可磨灭的沧桑印记，至今仍是这个民族心中永远的痛。马萨达古堡遗迹中，留下的不仅有希律王的辉煌宫殿、犹太教的祈祷残卷，还有古罗马人的浴池、剧场，拜占庭时代的基督教堂。重叠的遗迹，征服与被征服的表征，无声的诉说着曾被多次毁灭的苦难沧桑。

围绕着这个城市，已经发生了太多的杀戮，而战争的阴云，仍然时时笼罩这里。尽管如此，耶路撒冷仍然有种不可言喻的美。国会大厦的黄金灯台俯视着脚下的车流，街头掠过五官俊美的青年男女，显得活力十足。而旧城里，高墙围护的窄街陋巷里，做圣品生意的小商人一家仍遵循着犹太教最正统的教规按时祈祷。黄昏来临，夕阳的余晖给耶路撒冷披上了温暖的外衣，整个城市弥漫着金黄色的光泽，明亮而美丽。这个曾经辉煌灿烂的圣城，显出了圣洁的面容。

巴米扬 Bamiyan

最后的佛陀
The Last Budda

千年后的我仍是只雄鹰

我仍在巴米扬的山脉守望

守望这满目创痍的世界！

——2001年3月千龙网

当伊斯兰教的圣地麦加沉静地迎接一步三拜的信徒时，当天主教的圣地梵蒂冈微笑着聆听着教士的祈祷时，佛教的圣地巴米扬眼中却只是残骸，心中只留下凄凉。

在那里曾经伫立着一尊高达55米的世界第一立佛——巴米扬大佛。它熬过了1500多年的历史沧桑，见证了芸芸众生的轮回之相，参透了盛衰荣辱的世间得失，修炼成了斑驳陆离却神秘依然的模样。位于阿富汗首都喀布尔西北的巴米扬镇东北郊不远的这片山崖，曾经遍布大小石窟6000余座，石窟群中有6尊傍山而凿的佛像。其中两尊巨佛，一尊造于公元5世纪，高55米，着红色袈裟，名叫塞尔萨尔；一尊凿于公元1世纪，高38米，身披蓝色袈裟，名叫沙玛玛。公元4世纪和7世纪，我国晋代高僧法显和唐代高僧玄奘都曾先后到过这里，并在其各自的著作《佛国记》和《大唐西域记》中对巴米扬大佛作了生动的描述，他们都对眼前那金碧辉煌的高大奇迹赞叹不已："王城东北山阿，有立佛石像，高有四五十尺，金色晃曜，宝饰焕烂"。

2001年3月，随着塔利班武装的火箭筒和烈性炸药的轮番进攻，巴米扬大佛那本来与山脉相连的躯体，顷刻间颓然倒下了，化做一团烟雾，遁入永恒的虚空。石窟外到处是碎石和黄土块。塞尔萨尔只剩下一个佛像的形状，佛像巨大的胳膊留下的凹痕依稀可辨。石窟下，几张巨大的灰色塑料布覆盖着塞尔萨尔的残骸，上面写着由"联合国教科文组织保护"的字样。不远处，沙玛玛的境遇更惨，连一块大一点的残骸也没有了。

顺着沙玛玛一侧的台阶拾级而上，可以进入底部为八角、顶部为圆形的佛龛殿堂，我们也只能看到殿堂内一个个空凹的佛龛。佛龛殿堂内据记载刻着的数以万计的佛像和画有艺术精湛的彩色壁画现在已无踪迹。所有殿堂内只有在一些不起眼的角落里隐约可见零星蓝色和红色。总之，那些佛教徒们以为会永恒存在、曾经被很好保管的佛像，再也没有了。

地理位置： 巴米扬是阿富汗巴米扬省首府和著名的佛教圣地，位于阿富汗首都喀布尔西北150公里左右的巴米扬河谷，海拔2590米。

面积： 14175平方公里。

人口： 约8700人。

气候： 大陆性的气候，干燥少雨，年温差和日温差均较大，季节明显，冬季严寒，夏季酷热。

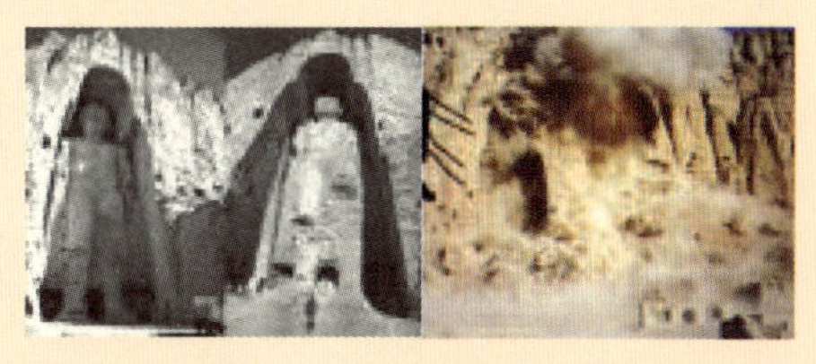

INFORMATION

巴米扬石窟： 全长1300多米，大大小小的洞窟有700多个，比我国新疆拜城的克孜尔石窟和甘肃敦煌的莫高窟都要大得多。巴米扬石窟群中最引人注目的是分别开凿在东段和西段的两尊高大的立佛像，俗称“东大佛”和“西大佛”，两尊大佛相距400米，东大佛高37米，身披蓝色袈裟，西大佛高55米，着红色袈裟，佛像脸部和双手均涂有金色。两尊佛像的两侧均有暗洞，洞高数十米，可拾级而上，直达佛顶，其上平台处可站立百余人。巴米扬大佛大约雕造于公元4—5世纪间，经历风风雨雨，战火沧桑，至今已有1500多年的历史。2003年7月，联合国教科文组织将巴米扬大佛所在地巴米扬谷列入世界文化遗产名录。

巴米扬从此没有令人景仰的巨大佛像了，大佛曾经站立的地方，只留下嵌入山体的深坑，那是大地迷惑的眼睛，这只眼睛凝视天空，它对于阿富汗无法改变的贫瘠似乎也无可奈何。

无常迅疾！灭佛，本来是一件很遥远的事情。作为一个现代人，这个概念，完全是从课本和佛教史专著中得来的模糊影像，其中夹杂着对历史的种种遗憾和叹息。总以为这一切都是历史了，已经过去了，理智的时代中，那种事情不会再发生了。望着那只迷惑的眼睛，我们才理解什么是轮回，电光火石之间，圣地的骄傲就只能从图片和文字中去追寻了。

一个历史的留存，一件文明的宝藏，一个凝聚了很多历史的信息符码说炸就炸了，说毁就毁了，文物是脆弱的，默存于世。它抵不过战神的破坏欲，挡不住侵略者的铁蹄，甚至也胜不过趋利附势的世俗心理和人们榨取其价值的贪欲。一点切近的现实利益，很容易将这些文化的标示卷进世间的风雨，充当人们歪曲历史、蔑视历史，甚至发泄对现实不满的工具。几经战乱和自然灾害，我们所剩下的文物寥寥无几。文物脆弱至此，它背后的文明呢？

巴米扬，一个从前的圣地，一个现在令人们无比哀伤的地方。佛像被毁之后，久旱的阿富汗下了一场雨。雨，能浇灭人们的破坏欲吗？自然，能清醒人们的头脑吗？

〃尘归尘，土归土！〃因宗教而兴建的巴米扬巨佛，最终也因宗教的理由而化为灰烬。顶礼巴米扬最后的佛陀！为了这片凄凉的圣地，更为了无语的文明。

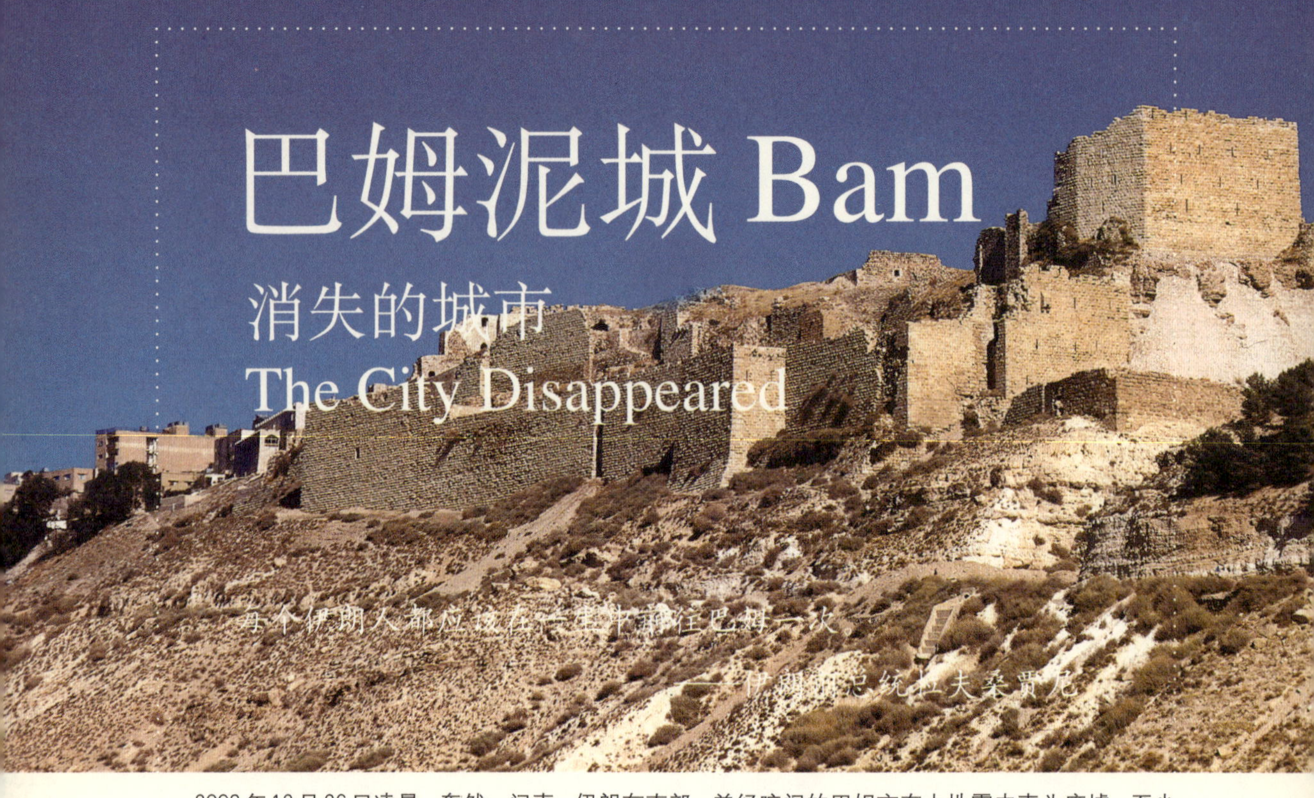

巴姆泥城 Bam

消失的城市
The City Disappeared

每个伊朗人都应该在一生中前往巴姆一次。

——伊朗前总统拉夫桑贾尼

2003 年 12 月 26 日凌晨，轰然一闷声，伊朗东南部，曾经喧闹的巴姆市在大地震中夷为废墟。至少 3 万人为这座城市殉葬，与他们一起从地平线上永远消逝的，还有距市区 5 公里的巴姆古城——一片魔幻的沙丘城堡，沙漠中令人迷醉的绿洲，触手可及的海市蜃楼。

当马可·波罗的商队在伊朗境内的沙漠里跋涉的时候，他感叹：那真是一段“疲劳而荒寂之道途”，整整三天，“不见民居，尽是沙漠干旱，亦无野兽痕迹，盖其不能在其中求食也。”那里仅有一条咸水河，水色发绿，味奇苦，据说无论人畜，饮一滴必狂泻十次，甚至丢掉性命。

而事实上，公元前 250 年左右，这片不毛之地的附近，已建有一座城堡，随后的日子里，牧民和商人不断向这里聚集，于是有了房屋和城镇、集市与王宫，有了巴姆古城。这里出产号称“世界上最甜的椰枣”，与丝绸之路相距不远的香料之路也恰好从这里穿过。

城里所有弧形、拱形、方形、圆形的城墙、堡垒和广场，甚至浴室都是用泥土筑成的，原本是最容易坍塌为齑粉的建筑材料，却让这座庞大的沙漠之城在悠悠岁月里伫立了 20 几个世纪。

或者，这片世界最庞大土结构建筑群的诞生与存留，得益于工匠们的独特配方，他们运用泥砖、黏土、麦秸和抗震性较好的棕榈树干作为建筑材料，而王宫贵族的私人浴池则用一种特制砂浆作为砖缝间的粘合剂，成分包含石灰、砂砾、蛋清和骆驼奶。在所有的材料中，尤以未经烧制的砖块为主，建筑材料和风格的高度统一，让整座古城看上去严整有序，像在大漠夕阳的照耀下，光影与几何形建筑共同构筑的浑厚画面。

A knowledgeable tourist

城市历史： 巴姆老城有2000多年的历史，城区外环绕着3公里长的城墙。城内大部分房屋建于16至18世纪，1722年遭阿富汗入侵，逐渐衰落，此后就慢慢被遗弃了。1953年，伊朗开始重建巴姆。2003年12月26日，毁于强烈地震。

地理位置： 位于伊朗东南部克尔曼省境内巴雷兹山脉和卡布迪山脉之间的卡维尔盐漠，距首都德黑兰约1000公里。

面积： 市区6平方公里。

人口： 9万。

气候： 沙漠性气候，干热季节长，可持续7个月，年平均降雨量30—250毫米。

宗教： 95%以上信奉伊斯兰教。

语言： 波斯语、帕图语及达利语。

货币： 伊朗利亚尔。

独自游走在当年的街道上，一处一处地看那些半风化了的建筑，感觉到的是一种人去楼空的寂寞，却并不是"死气沉沉"。民居的屋顶很多都已经倾颓，但四壁犹存，认得出门窗和格局，间或也还有保存得十分完好的院落。有时候，屋后会留着一截通向二层的楼梯，登上去却再没有进路；有时候，不经意间抬头，高处一扇小窗，依稀还留着斑驳的镶边花纹；又有时候，一座横跨街道的过街楼让你产生了登上去的欲望，却怎么也找不到楼梯……似乎有一种淡淡的属于"生"的气息还没有完全消散，游丝一般飘浮在那些了无人迹的屋角或者街头，但在另一个意义上，它却是一座彻底的"死"城：没有一个居民、一星绿色，也没有一滴水。

巴姆是一座突然被废弃的城市，突然被废弃的原因，是由于阿富汗人的两度入侵。阿富汗人退走以后，巴姆的居民没有回到城里，而是在城南另起了一个新巴姆，被称为"阿尔格"的老城于是便沦为废墟。居民们为何不愿意在驻军撤退后回到旧城，我们无从所知。诗意一点的推测是：他们在用一种告别的姿势将古城当时的形态彻底尘封——离去并非不爱，只因爱得深沉，弃城的举动成全了古城，成全了岁月本身。

然而，沧海桑田、白云苍狗也只是弹指一挥之间。人们原本以为能够永存的巴姆古城终究也敌不过绵长而凌厉的岁月，大地的一次震动便足以让人类寄托着无限感喟的城堡顷刻间化为断壁残垣。

震后，带领记者进入古城的当地青年见到倾颓的建筑便不禁抽泣。他说："我的祖先都住在这里。地震中家人死了很多我都没有哭。但看到古城被毁成这样，实在太伤心了。"而伊朗总统哈塔米则表示，对古城的修复将"不惜任何代价"。然而重建又如何，与城堡一起坍塌的光辉岁月将不会回来。巴姆，将成为一个永远的历史名词。

图书在版编目（CIP）数据

梦幻旅游·极致之旅：人一生要体验的50个地方 / 杨俭主编.
—西安：陕西师范大学出版社，2004．6
（梦幻旅游）
ISBN 7-5613-2977-6

Ⅰ．梦… Ⅱ．杨… Ⅲ．旅游指南—世界 Ⅳ．K919

中国版本图书馆CIP数据核字（2004）第036378号

图书代号：SK4N0503

梦幻旅游（极致之旅）——人一生要体验的50个地方

主　　编：杨　俭
文　　字：秦俭／何江／李潇／李丹／张宁／胡紫荼／笔墨鱼
责任编辑：周　宏
特约编辑：杨　珊
装帧设计：中创广告公司
图片提供：深圳超景图片有限公司
出版发行：陕西师范大学出版社
（西安市陕西师大120信箱　邮编：710062）
印　　刷：北京画中画印刷有限公司
开　　本：787 × 1092　1/16
印　　张：13.5
版　　次：2004年7月第1版
印　　次：2004年7月第1次印刷
ISBN 7-5613-2977-6/K·175
定　　价：48.00元